신문과 교과서가 만난 초등학생용 역사논술

인물사편
역사토론

3번째 시리즈

『역사토론』의 특징

『역사토론』 시리즈 3권은 주제사 12차시와 인물사 12차시를 통해 우리나라 역사를 심도 있게 공부할 수 있도록 꾸몄습니다. 모든 주제는 시사와 연계해 흥미와 현실감을 높였습니다. 그리고 역사에서 얻은 교훈을 바탕으로 문제 해결 능력과 비판적 사고력, 구술 능력을 극대화할 수 있도록 구성했습니다.

주제사
- ★하회마을과 양동마을, 광화문, 성균관, 조선 시대 병역 제도, 조선왕조의궤, 노블레스 오블리주, 서울성곽, 우리 수학, 지진, 소설, 전통 운동 경기, 외국어 교육 등 12가지 주제로, 선사 시대부터 현대까지의 역사를 한눈에 살펴볼 수 있도록 구성했습니다.
- ★역사적 사실을 비판적 시각으로 재구성하는 토론형 문제를 제시했습니다.
- ★역사적 교훈을 현실 문제와 연결해 논술하도록 했습니다.

인물사
- ★근초고왕, 을지문덕, 계백, 문무왕, 최무선, 이이, 권율, 유성룡, 정조, 안창호, 우장춘, 석주명 등 12명의 역사적 인물을 소개하며 인물과 관련된 역사를 탐구했습니다.
- ★역사적 인물이 살던 시대의 특징을 분석했습니다.
- ★역사적 인물을 평가하는 논술 문제를 제시했습니다.

부록
- ★한눈에 보는 한국사 연표
- ★문제 출제 의도와 해설이 담긴 답안과 풀이
- ★지침서는 홈페이지(www.niefather.com)에 탑재

차례 보기

인물사편

◇ 근초고왕과 백제의 전성기	7
◆ 을지문덕과 살수대첩	13
◇ 계백 장군과 황산벌 전투	19
◆ 문무왕과 신라의 삼국 통일	25
◇ 최무선과 화약 개발	31
◆ 율곡 이이와 십만양병설	37
◇ 권율 장군과 행주대첩	43
◆ 유성룡과 하회마을	49
◇ 정조 대왕과 개혁 정치	55
◆ 도산 안창호와 독립 운동	61
◇ 우장춘과 한국 농업	67
◆ 석주명과 나비 연구	73
◇ 한눈에 보는 한국사 연표	79
◆ 답안과 풀이	81

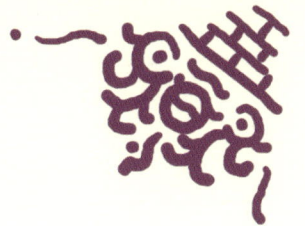

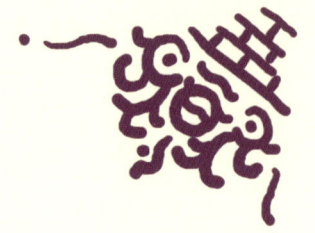

인물사 1

근초고왕과 백제의 전성기

▲2010년 11월 1일 서울 강남구 논현동 한 호텔에서 열린 KBS TV 드라마 '근초고왕' 제작 발표회에서 등장인물들이 함께 사진을 찍었다.

백제 제13대 왕인 근초고왕(재위 346~75)을 소재로 한 TV 드라마(2010년 11월 6일~2011년 5월 29일)가 방송되며 근초고왕을 지금까지와는 달리 새로운 눈으로 바라보게 되었어요.

근초고왕은 백제 역사상 가장 넓은 땅을 차지했으며, 백제가 최고의 전성기를 누리도록 만들었습니다. 그는 백제의 정치·경제·문화적 기반을 튼튼히 한 왕으로도 널리 알려져 있습니다. 백제를 크게 발전시킨 근초고왕의 업적을 탐구합니다.

➡ 함께 읽으면 좋은 책

『해상왕국을 이룩한 근초고왕』
임동주 지음, 마야 펴냄, 158쪽

이 책에는 근초고왕이 끊임없는 대륙 진출을 시도해 백제의 전성기를 이끈 내용이 담겨 있습니다. 근초고왕은 짧은 시간에 왕권을 확립하고 국가 체제를 정비했으며, 유능한 인재를 등용했습니다. 또 일본에 '칠지도'라는 칼을 전하는 등 문화적으로도 눈부신 발전을 이룩했습니다. 백성의 삶을 안정시키는 등 백제를 강대국으로 만든 근초고왕의 생애와 활약을 살펴볼 수 있습니다.

가야·마한 등 잇달아 정복… 영토 크게 넓혀

346년 왕위에 올라 30년간 백제를 다스린 근초고왕은 체격이 아주 크고 잘생겼으며, 세상을 널리 살필 줄 알았다.

그는 백제가 차츰 고대 국가의 모습을 갖출 무렵 비류왕(재위 304~34)의 둘째 아들로 태어났다. 어려서부터 총명하고 용감했기 때문에 둘째 아들이었지만 왕위에 오를 수 있었다.

그는 왕위에 오른 뒤 사방으로 백제의 영토 확장에 힘썼다. 369년경 영산강 유역을 중심으로 마한의 여러 부족을 통일해 전라도 지역을 차지했고, 낙동강 서쪽 가야까지 세력을 미쳤다. 근초고왕은 남쪽으로 영토를 넓힌 뒤, 북쪽으로 진출을 꾀했다.

고구려와는 369년 치양성(황해도 배천) 싸움의 승리를 시작으로, 대동강에서 고구려 군사들을 크게 물리쳤다. 그리고 평양성까지 공격해 고국원왕(제16대 왕, 재위 331~71)을 전사시켰다.

백제는 이로써 지금의 경기·충청·전라도와 강원·황해도 일부를 차지하는 최대 영토를 갖게 되었다.

▲2005년 10월 1일 송파구 석촌동에서 열린 제7회 한성백제문화제에서 진행된 근초고왕의 즉위식 장면.

4세기 백제의 발전

이런 뜻이에요
마한 기원전 1세기~서기 3세기 한반도 중부 이남 지역에 있었던 삼한 중의 하나.
가야 기원 전후부터 562년까지 낙동강 하류에 있던 여러 국가들의 연맹 왕국 또는 그 지역에 있었던 국가들의 명칭.

강력한 왕권을 바탕으로 국가를 튼튼히 하다

근초고왕 때 백제의 해외 교류도

▲능허대. 근초고왕 27년(372년) 중국 동진과 교류하기 위해 배를 띄운 곳이다.

영토를 넓히는데 힘을 쏟던 근초고왕은 나라 안으로 눈을 돌렸다. 지리적으로 중요한 한강 유역의 한산(서울)으로 도읍을 옮기고 '한성'이라 불렀다.

나라를 효과적으로 다스리기 위해 각 지방에 관리를 파견했으며, 박사 고흥(?~?)에게 백제의 역사서인 『서기』를 쓰게 했다. 또 강력한 왕권을 바탕으로 아들에게 왕위를 물려주는 부자 세습제를 확립했다.

근초고왕은 다른 나라와 외교 관계에도 힘썼다. 중국의 동진(진나라 후반에 해당하는 중국의 왕조, 317~419)과 국교를 맺고, 양쯔강 유역의 남조 문화를 받아들여 문화를 발전시켰다. 또 고구려에 대항하기 위해 신라와 사신을 주고받았으며, 일본과도 친밀한 관계를 유지했다.

근초고왕은 능허대(인천시 연수구 옥련동 소재)를 중심으로 해상 무역에도 힘을 기울였다. 요서(중국 동북 지방을 흐르는 랴오허강의 서쪽) 지방에 무역 기지인 백제군을 설치하고, 일본과 중국을 연결하는 고대 무역 상업망을 만들어 백제가 해상 무역의 중심지로 자리 잡게 했다.

 이런 뜻이에요

남조 420년에 동진이 망한 후 남방에 차례로 세워진 송(420~479), 제(479~502), 양(502~557), 진(557~589)의 네 왕조를 아울러 부르는 칭호다. 당시 중국은 남북이 분열된 시기로서 북방은 북제, 북위, 북주 등의 왕조가 차지하고 있었으며 이를 구별하여 '북조'라고 부른다.

앞선 백제 문화를 일본에 전파하다

근초고왕은 백제의 문화를 다른 나라에 전하는 데에도 적극 노력했다.

아직기와 왕인을 일본에 보내 학문을 가르쳤다. 이때 학문뿐 아니라 철기 제작 기술, 의복 만드는 기술, 술 제조 방법까지 다방면에서 앞선 문물을 전파했다. 또 천자문과 논어(유교 경전의 하나로, 공자와 제자들의 말과 행동을 적은 책)를 보내 유교 사상을 전파하고, 칠지도(칼)를 만들어 일본 왕에게 줬다.

칠지도는 특히 당시 백제 문화의 우수성을 엿볼 수 있는 수준 높은 금속 공예품으로, 길이 75cm에 여섯 개의 가지 칼날이 달려 있었다. 앞면에는 34개의 글자가, 뒷면에는 27개의 글자가 새겨져 있는데, 글자가 있는 부분을 파낸 뒤 금으로 덮어 글자를 돋보이게 만들었다.

칼 양면에 새겨진 글자의 내용을 보면 "백 번이나 담금질한 강철로 칠지도를 만들었노라. 모든 군사를 물리칠 수 있도록 백제 왕이 일본 왕에게 주는 것이니 후세에까지 잘 전해 보존하도록 하라."고 기록돼 있다. 칠지도는 백제의 일본 진출을 증명하는 귀중한 유물이기도 하다.

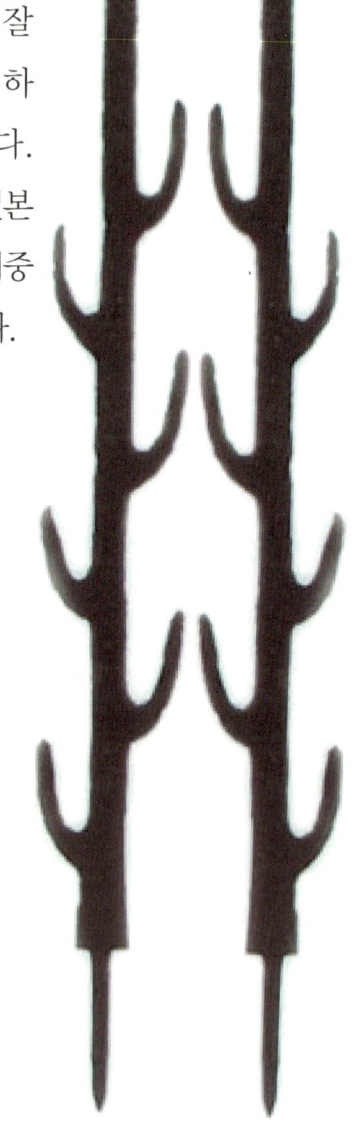

▲칠지도

▲전남 영암군 군서면 동구림리 왕인의 탄생지에 있는 왕인박사유적지로 들어가는 백제문.

생각이 쑤욱

1 백제의 최고 박사를 가리는 퀴즈 대회가 열렸어요. 괄호 안에 알맞은 말을 넣어보세요.

①(　　　)는 근초고왕 때 박사 (　　　)이 편찬한 역사책이다.
②근초고왕은 일본에 (　　　)와 (　　　) 등 학자들을 보내 학문을 전했다.
③(　　　)은 경기·충청·전라도와 강원도·황해도의 일부를 차지하는 백제 역사상 최대의 영토를 가졌던 백제의 전성기를 이끈 왕이다.
④(　　　)은 논어 10권과 천자문 1권을 가지고 일본에 건너가 일본의 왕자에게 글을 가르치며 유학과 한문을 전파했다.
⑤근초고왕은 강력한 왕권을 바탕으로 아들에게 왕위를 물려주는 (　　　)를 확립했다.

2 근초고왕의 입장에서 자신이 나라를 다스리는 동안 있었던 일들 가운데 가장 중요하다고 생각하는 사건을 세 가지만 골라보세요.

3 칠지도는 백제와 일본의 관계를 잘 보여주는 유물입니다. 칠지도가 어떤 검인지 친구에게 140자로 소개하세요.

 **머리에 쏘옥**

아직기와 왕인

아직기는 백제의 이름난 학자로 근초고왕 때 왕명을 받아 일본에 건너갔습니다. 그는 일본 왕에게 말 두 필과 칼, 거울을 바쳤다고 합니다. 일본 왕은 아직기에게 말을 돌보는 일을 맡겼는데, 나중에 그가 유교 경전을 잘 알고 학문이 뛰어난 것을 보고 일본 왕자의 스승으로 삼았다고 합니다. 뒤에 아직기는 '아직사'라는 씨족의 선조가 되었습니다.

▲나주 왕인기념관의 왕인 박사 동상.

왕인은 우리나라보다 일본에서 더 유명한 인물입니다. 32세의 나이로 논어 10권과 천자문 1권을 가지고 많은 기술자 등과 함께 일본으로 갔습니다. 그곳에서 글을 가르치고 발달한 백제의 학문을 전했습니다. 왕인은 일본 역사 발전에 크게 공헌한 인물로 존경받고 있습니다.

4 근초고왕의 역사를 세계에 알리기 위해 그림엽서를 만들려고 해요. 어떤 이미지를 담으면 좋을지 엽서를 꾸며보세요.

5 백제는 일본에 많은 문물을 전했어요. 백제의 이러한 문물 전파가 일본에 어떤 영향을 미쳤을지 추측해보세요.

▲왕인이 일본에 학문을 전파한 상황을 그린 상상도.

6 근초고왕이 다스리던 시대를 백제 최대의 전성기로 평가하고 있어요. 근초고왕의 업적을 설명해보세요(400자).

인물사 2

을지문덕과 살수대첩

을지문덕(?~?)은 고구려 영양왕(재위 590~618) 때의 장군입니다.

그는 탁월한 지도력을 발휘해 612년 7월 수나라 113만 대군의 침공을 물리치고 대승을 거둔 살수대첩을 이끌었습니다.

을지문덕은 살수대첩을 통해 고구려의 당당한 모습을 역사에 길이 남겨놓았고, 널리 중국에까지 그 이름을 떨쳤습니다.

살수대첩이 어떻게 일어났으며, 고구려가 어떻게 수나라를 이길 수 있었는지 탐구합니다.

▲을지문덕 장군의 흉상. 서울 용산 전쟁기념관에 있다.

➔ 함께 읽으면 좋은 책

『을지문덕』
박송 지음, 삼성당 펴냄, 109쪽

을지문덕이 수나라 100만 대군과 맞서 승리하는 과정이 담겨 있습니다. 우리나라 역사상 가장 용감하고 지혜로운 명장으로 평가 받는 을지문덕의 용기와 지혜를 배울 수 있습니다.

수나라 등장으로 고구려에 위기 닥쳐

김부식(1075~1151)은 『삼국사기』에서 "고구려가 수나라를 물리칠 수 있었던 것은 을지문덕 한 사람의 힘이 컸다."고 평가했다. 또 을지문덕이 침착하고 굳센 성격에 지략이 뛰어났을 뿐만 아니라, 시문에도 뛰어났다고 기록했다.

을지문덕이 활동할 당시 고구려는 주변 국가들과 전쟁이 잦았다. 남쪽에서는 백제와 신라가 점점 세력을 넓히고 있었다. 중국에서는 수나라가 여러 개의 작은 나라로 나뉘었던 중국을 통일하고, 고구려로 점차 세력을 뻗치기 시작했다.

영양왕(재위 590~618)은 군사력을 기르고 국방을 튼튼히 하면서 수나라와 평화롭게 지내려고 노력했다. 하지만 수나라는 고구려를 수시로 엿보며 침략을 준비했다.

수나라는 침략의 구실을 찾기 위해 영양왕에게 신하의 예를 갖추라고 요구했다. 하지만 영양왕은 이를 거부했다. 그리고 598년 수

▲중국 지린(길림)성 지안(집안)현에 있는 고구려 고분 삼실총 벽에 그려진 중무장한 고구려 기마병 전투도.

나라가 고구려를 침략하기 위해 요서(랴오허 강의 서쪽) 지방에 설치했던 전진 기지를 무너뜨리기 위해 먼저 쳐들어갔다. 이에 맞서 수나라 제1대 황제 문제(재위 581~604)는 30만 명의 대군을 이끌고 고구려를 공격했다. 그러나 고구려의 반격과 굶주림, 전염병, 장마 등으로 물러나야 했다.

> 이런 뜻이에요
>
> **김부식** 고려 시대의 문신·학자. 고려 제17대 왕 인종(재위 1122~46)의 명을 받아 『삼국사기』를 지었다.
> **『삼국사기』** 고려 인종 23년(1145) 김부식이 신라·고구려·백제 삼국의 역사를 기록한 역사책이다.
> **영양왕** 고구려 제26대 왕. 고구려를 침공한 수나라 군대를 무찔렀다.

을지문덕, 수나라 군사를 지치게 만들다

612년 수나라의 제2대 황제 양제(재위 604~18)가 113만여 명의 대군을 이끌고 다시 고구려에 쳐들어왔다. 수나라 군대는 고구려의 관문이자 요동의 최고 요새인 요동성을 완전히 포위한 채 끈질기게 공격했다. 그러나 고구려는 이미 수나라의 공격에 대비한 뒤였기 때문에 끄덕도 하지 않았다. 그러자 양제는 우중문(545~613)을 총사령관으로 군사 30만 명을 선발해 고구려의 서울 평양성을 공격하게 했다.

수나라 군이 압록강에 이르자 을지문덕은 거짓으로 항복했다. 그리고 직접 적진에 들어가 수나라 군대의 형편을 살펴보았다. 그는 수나라 군사들이 식량이 부족해 지칠 대로 지쳐 있음을 알았다. 군사들이 행군하는데 무거워 식량을 몰래 길에 버렸기 때문이었다.

을지문덕은 그 뒤 수나라 군대의 힘을 빼기 위해 싸울 때마다 일부러 지며 도망하는 것처럼 꾸며 평양성 가까이로 적을 끌어들였다. 을지문덕은 또 적은 수의 군사를 동원해 수나라 군대를 자주 공격해 지치게 만들었다. 심지어 하루에 일곱 번 싸워 모두 승리하게 해주었다. 수나라 군은 고구려의 힘 빼기 전략에 빠진 줄도 모르고 계속 깊숙이 진격해왔다.

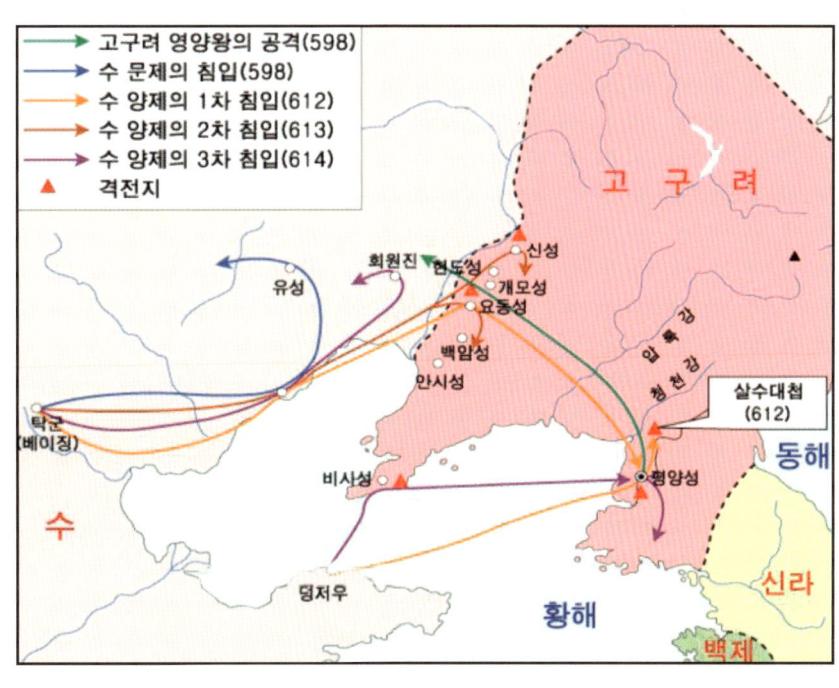

살수에서 수나라 대군을 크게 무찔러

▲충남 천안의 독립기념관에 있는 살수대첩 기록화.

"귀신같은 그대의 작전은 하늘의 이치를 다했고 땅의 이치를 꿰뚫었도다. 싸움마다 이겨 이미 공이 높으니, 만족함을 알고 이제 그만두고 돌아가는 게 어떨까?"

수나라 군사는 기운이 다해 더는 싸울 수 없었다. 이때 을지문덕은 후퇴의 구실을 찾던 적장 우중문에게 시를 한 편 써 보냈다.

그러고는 수나라 군이 물러나면 왕을 모시고 수나라로 들어가 신하의 예를 갖추겠다며 철수를 부추겼다. 지쳐 있던 수나라 군은 이 말을 핑계 삼아 얼른 물러났다.

수나라 군이 살수(청천강)에 이르렀다. 군사들은 서둘러 강을 건너기 시작했다. 이를 숨어서 지켜보던 을지문덕은 수나라 군사들이 강 한가운데를 건널 때 공격 명령을 내렸다.

을지문덕은 미리 살수의 상류에 둑을 쌓아 물을 가둬두었다가 한꺼번에 무너뜨리게 했다. 강물이 갑자기 불어나며 물살이 거칠어졌다. 수많은 수나라 군사들이 물에 빠져 죽었다. 강을 건넌 군사들도 풀숲에 숨어 있던 고구려 군사들에게 목숨을 잃었다. 살아 돌아간 수나라 군사는 2700명에 불과했다.

수나라는 그 뒤에도 몇 차례 더 고구려를 침략했다. 그러나 을지문덕에게 번번이 패하는 바람에 결국 나라가 망하고 말았다.

생각이 쑤욱

1 을지문덕에 관한 다음 글을 읽은 뒤 그가 어떤 사람인지 한 문장으로 평가하세요.

> 수나라의 공격을 대비해 많은 준비를 해 두었지만 개미 떼처럼 몰려오는 수나라 군을 보자 모두 겁부터 났다. "백성의 피해를 줄이는 것만이 가장 좋은 방법입니다." 서둘러 항복의 뜻을 전해야 합니다. 그 때 을지문덕이 나섰다. "절대 항복은 안 됩니다. 우리 고구려는 지금까지 어느 나라에도 굴복한 적이 없는 강한 나라입니다. 제가 나가 적을 무찌르겠습니다."
>
> -『살수대첩과 고구려』 84쪽, 역사디딤돌 펴냄-

 머리에 쏘옥

청야 전술

수나라의 대군과 들판에서 정면으로 맞서는 것은 고구려에 불리했습니다. 을지문덕은 청야 전술을 폈습니다. 고구려의 영토에 들어온 수나라 군대가 한 톨의 식량도 얻지 못하게 먹을 것을 모두 비우고 달아나는 전술이지요. 주민과 식량을 모두 성 안으로 옮기고 나머지는 불태웠습니다. 우물도 메워 적군이 물을 얻지 못하게 만들었습니다. 그리고 성곽을 굳게 지켜 적을 지치게 한 뒤 적절한 때 성 밖으로 나가 기습 공격해 피해를 줬습니다.

▲서울시 광진구 능동 어린이대공원에 있는 을지문덕 장군 동상.

2 을지문덕이 수나라의 대군을 맞아 승리할 수 있었던 비결을 세 가지로 정리하세요.

3 살수대첩에 참전했던 고구려 병사의 입장에서 그때의 상황을 140자 안팎으로 전달해보세요.

4 을지문덕이 수나라 군대 진영에 거짓으로 항복한다는 문서를 가지고 가자 믿기지 않는 표정으로 항복하는 이유를 물었어요. 앞의 제시문을 참고해 을지문덕이 무어라 답했을지 조리있게 말해보세요.

머리에 쏘옥

수나라와 전쟁 후 변화

수나라 양제는 고구려와의 전쟁에서 져 수많은 군사를 잃고 경제적으로 큰 타격을 입었습니다.

전쟁에서 이긴 고구려도 마찬가지였습니다. 고구려가 수나라 대군을 막기는 했지만, 많은 사람들이 목숨을 잃거나 다쳤고, 경제적 피해도 컸습니다.

청야 전술 때문에 들판은 텅 비었고, 비옥한 농경지도 파괴되었습니다. 수나라와 잦은 전쟁을 치르며 국력이 크게 약해진 것입니다.

▲평안남도 안주시에 있는 을지문덕 석상.

5 고구려가 수나라와의 전쟁에서 승리한 뒤 고구려에는 어떠한 사회적 변화가 있었을까요?

6 전세가 불리해진 수나라가 고구려에 휴전하자고 하자 고구려에서는 의견이 갈립니다. 양쪽의 이야기를 듣고 어느 쪽에 찬성하는지 생각을 조리있게 밝혀보세요.

"수나라와 휴전해야 합니다. 남쪽의 신라와 백제를 정벌하기 전까지는 수나라와 화친하는 것이 옳습니다."

"그렇지 않습니다. 수나라 군은 계속 패해 사기가 크게 떨어졌습니다. 이번 기회에 중국 대륙까지 밀어부쳐 중국을 점령하는 것이 옳습니다."

인물사 3

계백 장군과 황산벌 전투

2010년 9월 18일부터 10월 17일까지 충남 부여군 규암면 백제역사재현단지와 공주시 고마나루에서 '2010 세계 대백제전'이 열렸습니다.

한류 열풍이 최근 일본과 중국 등 동남아시아를 넘어 세계를 향해 불고 있다고 합니다. 하지만 한류 열풍은 이미 1500여 년 전 백제 시대에도 있었습니다.

백제의 선진 문물은 이웃한 가야와 신라는 물론 바다 건너 일본(왜)에까지 큰 영향을 끼쳤습니다. 하지만 이처럼 찬란한 문화를 꽃피웠던 백제였지만, 결국 신라와 당나라(중국) 연합군에 의해 망하고 맙니다.

계백(?~660) 장군은 백제의 멸망을 막기 위해 신라와 당나라 연합군에 끝까지 맞섰습니다. 나라를 구하기 위해 목숨을 바친 계백 장군의 나라 사랑 정신과 백제의 멸망 이유를 탐구합니다.

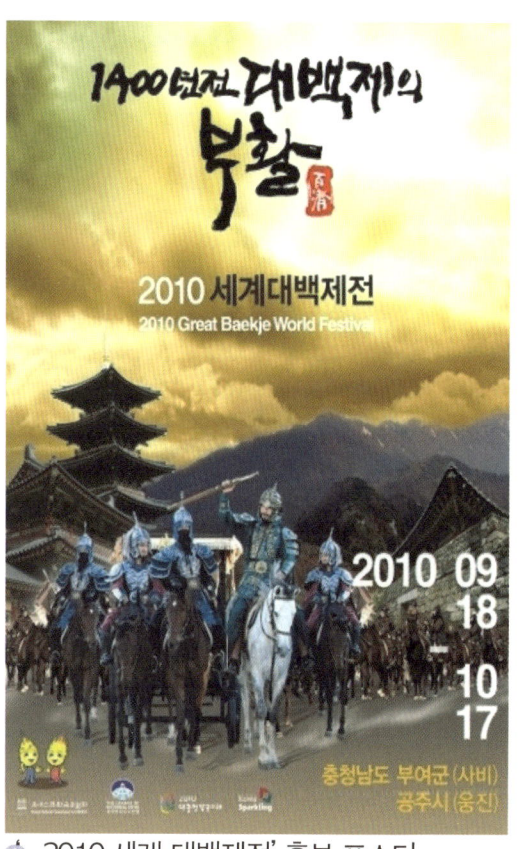
'2010 세계 대백제전' 홍보 포스터.

함께 읽으면 좋은 책

「안녕, 황산벌」

역사인물편찬위원회 지음, 역사디딤돌 펴냄, 189쪽

신라와 당나라 연합군이 백제를 향해 쳐들어오자 계백 장군은 죽음을 무릅쓴 채 5000명의 결사대를 이끌고 충남 논산의 황산벌에서 맞섭니다. 계백 장군이 나라를 구하기 위해 목숨을 바친 황산벌 전투를 생생하게 만나볼 수 있습니다.

한강 놓고 삼국 다툼… 신라와 당, 백제 치려 연합군 구성

600년대 들어서며 삼국은 영토 다툼을 심하게 벌였다. 특히 당나라를 오갈 수 있는 중요한 교통로인 한강 유역을 차지하기 위한 싸움이 치열했다.

641년 백제에선 제30대 무왕(재위 600~41)이 세상을 떠나고 의자왕(재위 641~60)이 뒤를 이었다.

이 무렵 계백은 무장이 되기 위해 연무관(백제 귀족 자제들을 뽑아 훈련 시키던 곳)에서 단련하고 있었다. 연무관을 졸업한 계백은 나라의 곳곳을 다니며 견문을 넓혔다.

의자왕은 처음에는 왕권을 강화하고 영토를 넓혔으며, 성충(?~656)과 같은 인재를 등용해 나라를 잘 다스렸다. 하지만 신라와 싸워 연거푸 이기자 자만심에 빠져 사치를 하고 나랏일을 제대로 돌보지 않았다.

계백은 의자왕 20년에 '달솔'(백제 16관등 중 제2품에 해당)이라는 높은 벼슬에 있었다. 그 때 백제는 신라에게 한강 유역을 빼앗기는 바람에 신라와 싸우기 위해 고구려와는 친하게 지냈다. 그러자 위기를 느낀 신라는 당나라에 도움을 요청했다. 마침내 신라는 백제를 무너뜨리기 위해 당나라와 연합군을 구성했다.

◎ 계백 장군 영정.

◎ 충남 부여 쌍북리에 있는 삼충사. 백제의 충신인 계백과 성충, 흥수를 기리기 위해 세운 사당이다.

계백 장군 목숨 걸고 황산벌서 신라군과 싸우다 전사

▲계백 장군과 5000명의 결사대가 신라군과 맞서 싸우는 황산벌 전투가 재현됐다. (사진 제공 : 세계대백제조직위원회)

660년 신라는 당나라와 손잡고 백제를 공격했다. 당나라 군대는 바다를 건너 백마강(금강)으로 쳐들어왔고, 신라군은 탄현(내전 동쪽 마도령)을 지나 황산벌에 도착했다. 의자왕은 계백 장군에게 황산벌로 가서 싸울 것을 명령했다.

패전을 직감한 계백 장군은 전쟁터로 가기 전에 다음과 같이 말하며 사랑하는 가족을 모두 죽였다. "한 나라의 장군으로 신라와 맞서 싸우는데 나라가 어떻게 될지 알 수 없다. 적에게 잡혀 노비가 되어 부끄러운 삶을 사는 것보다 차라리 내 손에 죽는 것이 낫다."

그는 결사대 5000명을 이끌고 신라군을 막으러 황산벌로 나갔다. 신라군은 백제군의 10배나 되는 5만 명이었다. 그는 결사대에게 "옛날 월나라의 구천은 5000명의 군사로 오나라의 70만 대군을 무찔렀다. 오늘 각자 용기를 다해 싸워 승리를 거둬 나라의 은혜에 보답하라."고 외쳤다. 죽음을 각오하고 싸운 백제군은 네 번이나 승리했다.

하지만 신라의 화랑 관창(645~60)이 어린 나이에 홀로 백제의 적진에 뛰어들어 싸우다 죽자 이에 용기를 얻은 신라군은 총공격을 감행했다. 백제군은 결국 밀려드는 신라군을 감당하지 못했고, 계백 장군도 최후를 맞았다.

백제를 지키지 못한 계백

황산벌이 무너지자 신라와 당나라 연합군은 거침없이 백제의 도성인 사비성(부여)을 향해 진격했다. 사비성이 함락되자 웅진성(공주)으로 도망쳤던 의자왕이 항복했다.

이로써 678년 동안 이어진 백제의 역사가 막을 내렸다. 백제의 도성은 불탔고 왕릉은 도굴되었다. 찬란했던 백제 문화는 철저하게 파괴되었으며, 백성은 죽거나 노비로 끌려갔다.

의자왕은 사비성 함락 직전 충신들의 말을 듣지 않은 것을 후회했지만 이미 나라가 망한 뒤였다.

계백은 백제의 장군으로서 『삼국사기』(고려 시대 김부식이 삼국 역사를 기록한 책)에 기록된 유일한 인물이다. 조선 시대 학자 서거정(1420~88)은 나라가 망할 위기에 처했지만 백제군을 이끌며, 용감하게 싸우다 죽은 계백 장군의 행동을 높이 평가해 다음과 같이 말했다. "백제가 망할 때 홀로 절개를 지킨 계백이야말로 나라와 더불어 죽은 명장이다."

조선의 실학자 안정복(1712~91)도 "삼국 시대에 충신과 의로운 일을 한 사람들이 많았지만 계백을 으뜸으로 삼아야 할 것."이라고 말했다.

▲충남 부여군 부여읍 부소산에 있는 낙화암(위)과 논산시 부적면 신풍리에 있는 계백 장군의 묘(아래).

생각이 쑤욱

1 계백 장군의 활약에도 700여 년의 백제 역사가 끝났어요. 백제가 망한 까닭은 무엇일까요?

2 전국 소년 계백 선발 대회를 열려고 해요. 어떤 무과 시험으로 선발하면 좋을지 시험 종목을 다섯 가지만 생각해보세요.
　○ 말타기, 활쏘기

3 계백 장군의 정신을 널리 알리고 그의 업적을 기리기 위해 노랫말을 지으려고 해요. 다음 곡에 맞춰 계백 장군이 어떤 인물인지 소개하는 노랫말을 만들어보세요.

머리에 쏘~옥

부소산성

　부소산성(사진)은 충남 부여군 부여읍 쌍북리에 있는 백제 시대의 산성입니다. 백제 시대에는 사비성으로 불렸다고 해요. 성왕이 538년 웅진(공주)에서 이곳으로 수도를 옮기며 쌓은 토성과 통일신라 때 이 성을 에워싸고 연결해 다시 쌓은 토성이 남아 있어요.

　백마강이 감싸고 돌아나가는 106m 높이의 이 산에는 아름다운 숲길과 낙화암·고란사, 백제 시대 궁터(추정)부터 조선 시대 관아에 이르기까지 조상의 발자취가 즐비합니다.

낙화암과 3000 궁녀

　낙화암은 660년 백제의 도성인 사비성이 신라와 당나라 연합군의 침공으로 함락되자 미처 달아나지 못한 많은 궁녀들이 백마강 절벽 위에서 몸을 던져 빠져 죽었다고 해 유명해졌어요. 3000 궁녀는 실제 숫자가 아니라 수많은 궁녀를 상징한다는 주장도 있습니다.

생각이 쑤욱

4 황산벌 전투에서 백제의 계백 장군이 이끄는 5000명의 결사대가 신라를 막아내고 승리했다면 역사가 어떻게 달라졌을까요?

◯ 충남 부여에 있는 계백 장군 동상.

5 계백은 쓰러지는 나라를 구하기 위해 목숨을 바쳤어요. 지금 내가 나라를 지킬 수 있는 방법은 무엇이 있을지 세 가지만 생각해요.

6 계백 장군은 자신의 가족을 모두 죽이고 황산벌로 나갔어요. 계백의 행동을 어떻게 생각하는지 1분 30초 동안 말해보세요.

인물사 4

문무왕과 신라의 삼국 통일

신라 제30대 문무왕(재위 661~81)의 비석 조각이 2010년 9월 16일 원효대사 특별전에서 일반에 공개되었습니다. 이 비석 조각은 경북 경주시 동부동에서 지난 6월 발견되었습니다.

문무왕비는 문무왕이 세상을 떠난 직후인 682년 지금의 경주 사천왕사에 세워진 것으로, 이번에 공개된 비석 조각은 위쪽 일부입니다.

문무왕은 고구려와 백제를 무너뜨리고 삼국 통일을 완성한 왕입니다. 우리나라는 과거 고구려·백제·신라 삼국

○ 새로 발견된 문무왕 비석 조각(왼쪽)과 보존 처리한 뒤 공개된 모습.

으로 나뉘어 있었는데, 이때부터 한 나라로 통일돼 발전했습니다. 문무왕의 업적과 신라의 삼국 통일에 대해 탐구합니다.

▶ 함께 읽으면 좋은 책

「태양을 쏴라 문무왕」

역사인물편찬위원회 지음, 역사디딤돌 펴냄, 189쪽

문무왕이 고구려와 백제를 무너뜨린 뒤 당나라군을 몰아내고 삼국 통일을 이룬 과정이 흥미롭게 펼쳐집니다. 삼국의 관계뿐만 아니라 주변 국가들의 관계도 살펴볼 수 있습니다

한반도 최초로 삼국 통일을 이룩하다

▲문무왕 영정(왼쪽 사진), 삼국 통일 당시의 지도.

문무왕은 무열왕 김춘추(재위 654~61)의 아들이다. 그는 총명한데다 무예도 뛰어났다. 일찍이 아버지를 따라 당나라(중국)로 건너가 외교 활동을 펼치기도 했다.

문무왕은 왕위에 오르기 전부터 삼국 통일을 이루기 위해 온갖 노력을 기울였다. 660년 신라가 당나라와 손 잡고 백제를 멸망시킬 때 김유신(598~673)과 함께 큰 공을 세우기도 했다.

661년 왕위에 올랐다. 그가 왕위에 있었던 21년 동안 전쟁이 끊일 날이 없었다. 당나라 군대와 연합해 666년부터 고구려 정벌에 나섰다. 668년 고구려의 수도 평양성을 함락시켰다. 삼국 통일의 꿈이 이뤄지는 순간이었다.

그러나 신라를 도운 당나라는 곱게 물러나지 않고 672년 이후 대군을 동원해 신라를 공격했다. 문무왕은 군사력이 약했지만 매소성(경기도 연천)과 기벌포(금강 하구)에서 크게 승리해 한반도에서 당나라 군대를 몰아냈다.

통일 국가 기틀 다지고 죽어서도 나라를 지키다

삼국 통일의 위업을 달성한 문무왕은 통일 국가의 기틀을 다지기 위해 많은 노력을 기울였다.

우선 나라 전체를 효과적으로 다스리기 위해 행정 조직을 정비하고, 군사 제도도 바꿨다. 당나라의 앞선 문화를 적극 받아들여 통일신라의 문화 수준도 크게 높였다.

그는 또 전쟁이 끝나자 무기를 녹여 농기구를 만드는 등 백성의 생활을 안정시키기 위해 힘썼다. 왜구가 침략해 백성을 괴롭히는 일이 잦아지자 왜구를 뿌리 뽑기 위해 노력했다. 성을 쌓고 군사력을 키워 국방도 튼튼히 했다. 교육에도 힘을 기울였다.

나라 사랑이 지극했던 문무왕은 세상을 떠나면서도 신라를 지키려고 했다. "내가 죽거든 왜구가 들어오는 동해 가운데 큰 바위에 묻어 주거라. 죽은 뒤에도 반드시 용이 되어 나라를 지킬 것이다."

문무왕은 불교의 힘으로 왜구의 침입을 막기 위해 경주에 감은사를 짓기 시작

🔹 경주시 양북면 봉길리 앞바다의 문무왕 수중릉 대왕암(위 사진)과 양북면 용당리에 세워진 감은사지 3층 석탑.

했다. 하지만 완성하지 못하고 죽어 아들인 신문왕(재위 681~92)이 그 뜻을 받들었다.

신라의 삼국 통일 어떻게 볼까

신라는 삼국 가운데 가장 늦게 발전했다. 그런데 신라가 어떻게 백제와 고구려를 무너뜨렸을까?

신라가 통일의 발판을 다진 것은 한강 유역을 차지하면서부터이다. 이때부터 삼국의 경쟁에서 주도권을 잡은 것이다.

신라의 삼국 통일에 대한 평가는 긍정적인 면과 부정적인 면으로 나뉜다.

신라가 스스로의 힘으로 삼국을 통일하지 못하고 당나라와 연합해 고구려와 백제를 무너뜨렸다는 점, 그 결과 대부분의 고구려 땅이 우리나라 영토에 편입되지 못한 점은 부정적인 평가를 받는다. 독립 운동가이자 역사학자인 신채호(1880~1930)는 "다른 민족을 불러들여 같은 민족을 없애는 것은 도둑을 끌어들여 형제를 죽이는 일과 다를 바 없다."고 말하기도 했다.

하지만 고구려·백제의 유민(망해 없어진 나라의 백성)과 힘을 합쳐 당나라 세력을 몰아내고 자주적으로 통일을 이뤘다는

▲경주 통일전에 있는 삼국 통일 순국 무명 용사비. 삼국 통일 과정에서 죽은 무명 용사들의 명복을 빌기 위해 세웠다.

면에서는 긍정적인 평가를 받는다. 또 삼국 통일은 우리나라 최초의 통일로, 삼국이 한 민족이 되어 우리 민족 문화를 가꾸고 지키는 데에 큰 역할을 했다.

생각이 쑤욱

1 문무왕은 우리나라 역사에서 처음이자 마지막으로 바다에 묻힌 왕입니다. 문무왕은 왜 자신을 바다에 묻어달라고 했나요?

2 삼국이 서로 크고 작은 전쟁을 벌인 이유를 두 가지만 들어보세요.

3 문무왕이 삼국을 통일한 뒤 백성의 생활이 어떻게 바뀌었을지 추측해보세요.

머리에 쏘~옥

만파식적 설화

　만파식적은 옛날 역사서에 전하는 신라의 신비스러운 피리입니다. 죽어서 바다의 용이 된 문무왕과 하늘의 신이 된 김유신이 합심해 용을 시켜 동해의 한 섬에 대나무를 보냈답니다. 이 대나무는 낮이면 갈라져 둘이 되고, 밤이면 합쳐져 하나가 되었답니다.

　신문왕이 이 기이한 소식을 듣고 현장에 갔습니다. 이때 나타난 용에게 신문왕이 대나무의 이치를 물었습니다. 용은 " 한 손으로는 어느 소리도 낼 수 없지만 두 손이 마주치면 소리가 나는지라, 이 대나무도 역시 합친 뒤에야 소리가 나는 것이요… 천하의 보배가 될 것이다."라고 예언하고 사라졌답니다.

　왕이 곧 대나무를 베어 피리를 만들었습니다. 왕이 피리를 부니 나라의 모든 근심과 걱정이 해결되었다고 전해집니다.

　이 설화에는 신라가 삼국 통일 이후 백제와 고구려 유민의 마음을 통합해 나라의 안정을 꾀하려 했던 생각이 담겨 있습니다.

4 신라의 삼국 통일을 기념하는 그림 우표를 만들려고 합니다. 삼국 통일의 의미를 담아 디자인해 보세요.

◐ 삼국 통일에 결정적인 역할을 한 전투 장면을 그려도 됩니다.

◐ 신라가 당나라의 20만 대군을 물리친 매소성 전투 그림.

5 신라는 삼국을 무력으로 통일하면서 많은 희생을 치렀어요. 분단된 우리나라가 평화적으로 통일하려면 남과 북이 서로 어떻게 해야 할까요?

6 신라는 당나라와 연합해 삼국을 통일했습니다. 신라가 다른 나라를 끌어들여 삼국을 통일한 점을 어떻게 생각하나요? (400자)

인물사 5

최무선과 화약 개발

우리나라는 지난 5년 동안 세계에서 세 번째로 무기를 많이 수입했습니다. 스웨덴의 스톡홀름 국제평화문제연구소가 2010년 3월 발표한 '2009 국제 무기 수출입 현황'에 따르면 우리나라는 2005년부터 2009년까지 세계 무기 수입액의 6%를 차지해 3위에 올랐습니다. 600여 년 전 고려 시대 우리 조상도 당시의 첨단 무기였던 화약을 확보하기 위해 애썼다고 합니다. 그때만 해도 화약을 만들 수 있는 나라는 중국(원나라)뿐이었습니다. 하지만 중국은 화약 제조 비밀을 어떤 나라에도 알려주지 않았습니다.

우리나라에선 화약 만드는 일이 불가능하다고 생각했지만 최무선(1325~95)은 달랐습니다. 그는 갖은 노력 끝에

↑ 최무선 영정.

화약을 개발하고, 화약을 이용한 무기를 만드는 데 성공했습니다. 투철한 애국심을 바탕으로 화약 연구에 평생을 바친 최무선의 도전 정신과 탐구 정신을 배워요.

◆함께 읽으면 좋은 책◆

『천둥치는 들판』

역사인물편찬위원회 지음, 역사디딤돌 펴냄, 157쪽

최무선은 왜구에게서 고려를 지킬 수 있는 방법이 화약 개발이라고 생각했습니다. 그리고 독자적으로 화약을 개발하는데 성공합니다. 최무선의 일생과 당시 고려의 상황이 생생하게 담겨 있습니다.

20여 년 노력 끝에 화약 제조법을 알아내다

 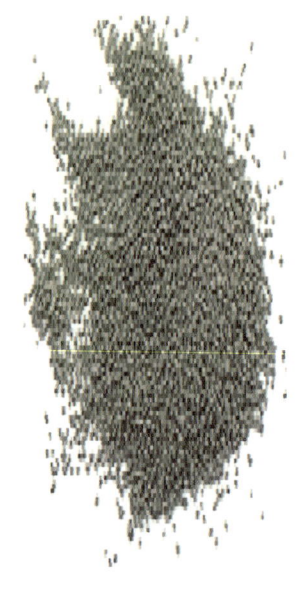

⬆ 2009년 4월 EBS TV 어린이 모험극 '스파크'에서 방송된 최무선 편의 한 장면(왼쪽 사진)과 화약.

고려는 그때 바다를 건너 자주 침입하는 왜구 때문에 몸살을 앓았다. 왜구들은 곳곳에서 불을 지르고 닥치는 대로 사람을 해치며 재물을 빼앗아 갔다. 그 바람에 백성은 마음 편히 살 수 없었다.

최무선이 태어난 곳은 바닷가에서 멀리 떨어진 마을이었는데도 왜구의 침입을 받았다. 그는 왜구를 물리치려면 화약을 만들어야 한다고 생각했다. 그래서 과학과 기술에 관한 책을 열심히 읽고 여러 가지 재료를 구해 실험을 거듭했다. 중국 사람을 만나면 화약에 대해 물어보려고 중국말도 익혔다. 하지만 화약을 만드는 원료인 염초를 만드는 방법을 알아낼 수 없었다.

그의 나이 50세를 넘긴 어느 날, 원나라의 염초 기술자인 이원이 벽란도(예성강 하구의 무역항)에 온다는 사실을 알게 되었다. 최무선은 이원을 찾아가 끈질기게 설득한 끝에 염초 제조 기술을 알아냈다. 최무선은 이원이 알려준 기술을 바탕으로 흙에서 염초를 뽑고 염초에 유황과 숯을 섞어 화약을 만드는 데 성공했다. 화약 개발에 몸을 바친 지 20여 년만의 일이었다.

화약 무기를 개발해 왜구를 물리치다

⬆ 전북 군산에 세운 진포대첩 기념탑(왼쪽 사진)과 최무선이 만든 주화를 1448년 조선 시대 세종 때 개량해 만든 신기전.

1380년 8월 수많은 왜구가 500여 척의 배를 이끌고 진포(금강 하구)로 쳐들어왔다. 최무선은 부원수가 되어 100척의 전함을 이끌고 진포로 향했다. 그동안 만든 화포와 화통 등 화약 무기가 불을 뿜었다. 최무선이 개발한 화약 무기는 먼 곳까지 날아가 왜구들에게 큰 피해를 주었다. 왜구들은 처음 보는 화포 앞에서 도망가기에 바빴다. 결국 왜구를 실은 500여 척의 배는 거의 모두 바다에 가라앉았다.

『고려사』(고려 시대의 역사책)에는 진포대첩에 대해 다음과 같이 기록되어 있다.

"화포를 사용해 적선을 불태웠는데 연기와 불길이 하늘을 덮었다. 배를 지키던 적병은 거의 타죽었으며, 바다에 뛰어들어 죽은 자도 많았다."

3년 뒤 왜구가 남해의 관음포로 다시 쳐들어왔다. 하지만 이번에도 화포를 장착한 배를 앞세워 왜구를 물리쳤다. 자신감을 얻은 고려는 왜구의 본거지인 대마도 정벌에 나섰다. 화포와 주화(오늘날의 로켓)로 무장한 고려군은 왜구의 소굴을 철저히 파괴하고, 그동안 대마도로 끌려갔던 고려인들을 구출해 돌아왔다. 그 뒤 왜구는 더 이상 고려를 넘보지 못했다.

화통도감 설치 건의… 주화 등 다양한 신무기 개발

⬆ 3차원 애니메이션으로 복원한 '화통도감'. (사진 : 대전광역시청)

최무선은 왜구를 막아내려면 화약을 이용한 무기를 만들어야 한다고 생각했다. 그래서 1377년 우왕(재위 1374~88)에게 건의해 화통도감(화약과 화약 무기 제조를 담당하던 관청)을 설치하게 했다.

그는 화통도감의 책임자가 되어 화약을 개발하고, 화약을 이용한 각종 무기도 만들었다. 화약이 폭발해도 견딜 수 있는 화포와 주화 등 많은 무기가 그의 손에 의해 개발되었다. 주화는 화살에 화약통이 달려 있어 화약이 타며 추진력을 얻어 멀리 날아가게 만든 무기였다. 주화는 훗날 조선의 '신기전'으로 발전했다.

『태조실록』에는 최무선이 화통도감에서 화포와 화통, 화전 등 다양한 종류의 화약 무기를 개발했다고 적혀 있다. 최무선이 만든 화약 무기는 이처럼 조선 시대까지 이어져 한층 더 발전했다.

1389년 왜구의 침입이 없다는 이유로 화통도감이 폐지되자 그는 고향으로 돌아와 『화약수련법』과 『화포법』 등 화약 제조법에 관한 책을 지었다. 최무선은 화통도감을 없애면 왜구가 다시 쳐들어올 것이라고 반대했지만 아무도 귀를 기울이지 않았다.

생각이 쑤욱

1 최무선이 한 일을 정리해보세요.

2 다음 글을 읽고 최무선의 성격으로 미루어 보아 화약 만드는 방법을 알아내는 데 어떤 영향을 미쳤을까요?

"공부는 책상에 앉아서만 하는 것이 아니다. 잘 풀리지 않는 문제가 생기면 좋은 친구를 직접 찾아 나서거나 현장에 가서 살아 있는 공부를 하는 것이 좋다."

3 우리나라 최초로 화약 만드는 방법을 개발한 최무선을 기자가 되어 인터뷰해보세요.

기자 : 화약을 발명하면서 가장 어려웠던 점은 무엇이었나요?
최무선 :

기자 : 중간에 어렵다고 화약 개발을 포기했다면 어떻게 되었을까요?
최무선 :

머리에 쏘~옥

우리나라 최초의 로켓 '주화'

우리나라에서 로켓을 처음 만든 사람은 최무선입니다.

'달리는 불'이라는 뜻을 가진 주화는 지금의 로켓과 얼개와 작동 원리가 같습니다. 주화는 1448년(세종 30) 이전에 불린 이름이고, 그 뒤부터는 '신기전'으로 불렸습니다.

⬆ 항공우주연구원 채연석 박사팀이 지난 5월 21일 신기전 복원 시험을 위해 발사대에 화살을 장착하고 있다.

진포대첩은 세계 최초의 함포 해전

진포대첩은 세계 해전사에서 최초로 화포를 사용해 해상 포격전을 벌인 역사적 해전입니다. 왜구의 침입을 막는 데 결정적인 역할을 했고, 훗날 조선 왕조 건립에 큰 도움이 되었다는 평가도 있습니다.

생각이 쑥쑥

 최무선이 중국 사람의 도움을 받지 않고 혼자 화약을 개발했다면 어떻게 되었을까요?

🔼 최무선이 화약을 개발하는 과정을 상상해 그린 그림.

 나라에서는 왜구의 침입이 없다는 이유로 화통도감을 폐지합니다. 최무선의 입장에서 화통도감의 필요성을 1분 동안 말해보세요.

 최무선은 끈질긴 집념으로 어릴 때의 꿈인 화약의 비밀을 밝혀냅니다. 여러분이 나라를 위해 최초로 개발하고 싶은 게 있다면 무엇이며, 그것을 이루기 위해 어떤 노력이 필요한지 설명해요(400~500자).

인물사 6

율곡 이이와 십만양병설

율곡 이이(1536~84)를 기리는 제23회 율곡 문화제가 '흥으로 나누는 섬김과 이음'이란 주제로 2010년 10월 8, 9일 이틀 동안 경기도 파주시 법원읍 동문리 율곡 선생 유적지를 중심으로 다채롭게 펼쳐졌습니다.

우리나라 역사상 위대한 인물이 많지만 이이만큼 잘 알려진 인물도 드뭅니다. 우리나라 5000원권 지폐 속 인물이기도 한 이이는 시대의 흐름에 맞춰 조선을 새롭게 만들려고 노력한 탁월한 정치 개혁가였습니다. 높은 벼슬에 올라서도 청렴한 삶을 살았으며, 가난한 백성을 돕기 위한 정책을 펼친 이이의 일생과 업적을 공부합니다

▲ '제 23회 율곡문화제'가 지난 10월 8, 9일 이틀동안 율곡 선생 유적지를 중심으로 열렸다.

▶ 함께 읽으면 좋은 책

「율곡 이이」

이슬기 지음, 삼성당 펴냄, 117쪽

율곡 이이는 어린 시절부터 유달리 총명하고 효성도 지극했습니다. 강직한 성품으로 청렴결백했던 이이는 커다란 학문적 업적까지 이뤘습니다. 오로지 나라와 백성을 위해 일하려고 노력했던 참다운 정치가의 모습을 엿볼 수 있습니다.

13세 때 과거 장원 급제… 어려서부터 시문에도 능해

▲지난 10월 25일 제47회 대현 율곡 이이 선생제'의 행사 가운데 하나로, 강릉에서 장원 급제 후 귀향 행렬을 재현한 모습(왼쪽 사진)과 율곡 영정(오른쪽 사진).

이이는 1536년 강원도 강릉 오죽헌에서 아버지 이원수와 어머니 신사임당 사이에서 태어났다. 이이가 태어나던 날 밤, 사임당이 검은 용 한 마리가 바다에서 집으로 날아 들어오는 꿈을 꾼 뒤 낳았다고 해 이름을 현룡이라고 지었고, 그 방을 '몽룡실'이라고 했다.

어려서부터 총명했던 이이는 학문에 힘쓰고 시도 잘 지었다. 어머니에게 글을 배우던 이이가 3세 때 석류 열매를 보고 '껍질 안에 빨간 구슬이 부서져 있어요.'라고 표현해 사람들을 놀라게 했다. 또 8세 때는 화석정(경기도 파주)에 올라 가을 풍경의 아름다움을 시로 지어 꼬마 시인으로 불리기도 했다.

이이는 13세 때 과거에 장원으로 합격한 것을 시작으로 아홉 번의 과거에서 모두 장원 급제해 '구도 장원공(아홉 번 장원 급제한 사람)'이라 불렸다. 이이는 마음씨도 어질고 효성도 지극해 이웃의 칭찬을 많이 들었다. 한때 어머니를 여읜 뒤 방황하기도 했으나 자경문(스스로를 경계하는 글)을 지어 뜻을 세우고 각오를 새롭게 다지며 학문에 열중했다.

개혁을 통해 백성을 위하는 정치를 펼치다

이이가 살던 시대는 신하들이 편을 갈라 서로 다투는 바람에 매우 혼란스러웠다. 벼슬길에 나간 이이는 임금에게 나라를 잘 다스리는 방법을 말했다.

"참되고 바른 마음으로 정치를 해야 합니다. 또한 어질고 슬기로운 인재를 찾아 널리 써야 하며, 백성이 편안하게 살 수 있도록 나라를 다스려야 합니다."

▲이이가 글을 쓰고 공부를 하던 화석정. 경기도 파주시 파평면 율곡리에 있다.

이이는 나라 전반에 걸친 개혁안을 내놓았다. 그는 세금을 공평하게 걷자고 주장하며 지방 특산물을 바치는 대신 쌀 등으로 내게 하는 대동법을 제안했다. 그리고 나라의 발전을 위해 누구나 자유롭게 의견을 말할 수 있어야 한다고 강조했다.

가난하고 굶주리는 사람들을 구하기 위해 사창제도도 마련했다. 이 제도는 가을에 곡식을 저장해 뒀다가 식량이 부족한 봄에 이자 없이 꿔주는 제도였다. 사창을 실시한 뒤부터는 굶어죽는 백성이 없었다.

그는 또 농민만 열심히 일하고 양반은 일하지 않는 것을 못마땅하게 여겼다. 그래서 스스로 농사를 짓고 대장간에서 손수 농기구도 만들었다.

청주 목사(군수) 시절에는 향약(마을 자치 규칙)도 만들었다. 백성이 스스로 마음을 다스릴 수 있도록 규칙을 만들어 지켜 나가게 했다. 큰 홍수가 나 굶주리고 오갈 곳 없는 사람들을 위해 자신의 봉급을 나눠 줬으며, 재산을 잃은 백성의 세금을 줄여줄 것을 임금에게 청하기도 했다. 신하들이 여러 파로 갈라져 대립과 갈등이 심해지자 중간에서 이를 중재하기 위해 노력하기도 했다.

나라의 힘 기르기 위해 십만양병설 주장

▲강릉시 죽헌동에 있는 오죽헌(왼쪽 사진)과 이이의 친필 원본인 격몽요결(오죽헌시립박물관 소장).

당시 왜구는 틈만 보이면 조선의 남쪽 해안 지대에 쳐들어와 괴롭히곤 했다. 이이는 외세의 침략을 막으려면 국방을 튼튼히 하고 10년 동안 10만의 군사를 길러야 한다고 주장했다. 하지만 다른 신하들이 군사를 기르려면 엄청난 비용이 들고 사회적 혼란만 키우게 된다며 반대하고 나서는 바람에 뜻을 이루지 못했다. 결국 조선은 임진왜란(1592~98년까지 2차에 걸쳐 왜군의 침략으로 일어난 전쟁)으로 7년 동안이나 전쟁에 시달려야 했다.

이이는 학문 연구과 후진 양성에도 힘을 쏟았다. 황해도 해주에 은병 정사를 세워 제자들을 가르쳤다. 그는 학문의 가치가 무엇보다 살아가기 위해 필요한 법칙이나 방법을 알려주는 데 있다고 여겼다. 이런 이이의 생각이 훗날 실학(조선 후기에 발생한 실용적인 학풍)에 큰 영향을 끼쳤다.

1584년 이이는 49세의 나이로 세상을 떠났다. 높은 벼슬을 지낸 이이였지만 청렴한 생활로 장례 치를 돈도 없을 만큼 어려웠다고 한다. 이이가 죽자 선조(재위 1567~1608)는 "어진 재상이 죽으니 내 마음이 극히 아프다."며 안타까워했으며, 백성도 매우 슬퍼했다.

이이는 처음 글을 배우는 사람들을 위해 『격몽요결』을 지었고, 『동호문답』, 『성학집요』, 『경연일기』 등을 남겼다.

생각이 쑤욱

1 이이가 대학자이면서 뛰어난 정치가가 될 수 있었던 요인을 세 가지만 들어보세요.

2 이이는 양반임에도 농사를 짓고 대장간에서 농기구를 만들었어요. 왜 그랬을까요?

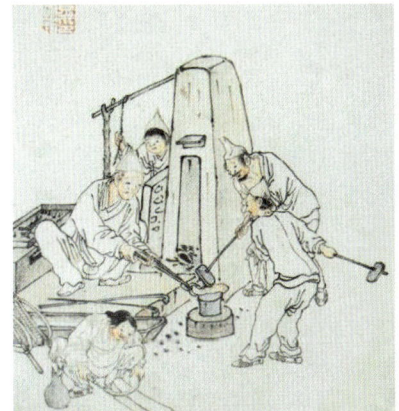

▲김홍도의 '대장간'.

3 이이는 형제와 친척들을 모아 100여 명에 이르는 대가족이 한집에서 살았지만 가족헌장을 만들어 실천했기 때문에 집안에는 항상 웃음이 가득했다고 합니다. 우리 가족이 화목하기 위해 서로 지켜야 할 예절과 규칙을 정해보세요.

머리에 쏘~옥

십만양병설과 화석정

화석정은 임진강변 벼랑 위에 자리잡고 있는 조선 시대의 정자입니다. 이이가 8세 때 화석정에서 지었다는 시가 걸려 있습니다.

임진왜란 당시 선조 임금은 왜병이 한양 부근에 도달했다는 소식을 듣고 부랴부랴 피란길에 올라 날이 어두울 때 임진강가에 도착했습니다. 하지만 밤이 이미 깊어 칠흑 같은 어둠 때문에 강을 건너기가 어려웠습니다. 발만 동동 구르고 있을 때 화석정을 발견하고 불을 질렀습니다. 활활 타오르는 화석정의 불빛을 의지해 선조 일행은 겨우 임진강을 건널 수 있었습니다.

율곡은 이런 일이 있을 것을 미리 알았는지 화석정을 청소할 때마다 기름걸레로 닦으라고 말했다고 합니다.

십만양병설을 주장한 이이답게 미리 어려움을 준비한 그의 정신을 엿볼 수 있습니다.

4 이이가 황해도 관찰사(도지사)로 부임하자마자 다음과 같은 방을 붙였어요. 이 방을 읽은 백성들이 어떤 말을 했을까요?

> "누구든 억울한 일이 있는 사람은 언제든지 관청으로 오시오. 그리고 고을을 좀 더 살기 좋게 만들 수 있는 의견이 있으면 주저하지 말고 찾아오시오. 함께 의논해 나쁜 점을 고쳐 나갑시다."

5 이이는 여러 번 장원 급제를 했지만 처음에는 벼슬길에 나가지 않았어요. 뛰어난 능력을 자신의 학문을 닦는 데에만 쓰는 행동을 어떻게 생각하나요?

6 이이는 공부를 시작할 때는 먼저 큰 뜻을 세워야 한다고 강조했습니다. 바람직한 공부의 방향과 이를 위해 우리가 지녀야 할 태도를 설명해보세요(400자).

인물사 7

권율 장군과 행주대첩

▲2011년 3월 14일 고양시 행주산성에서 열린 행주대첩 417주년 기념 행사에서 참석자들이 순국 선열의 넋을 기리는 제를 올리고 있다.

경기도 고양시는 해마다 3월 14일 행주산성에서 행주대첩제를 엽니다. 임진왜란(1592년 일본의 침략으로 일어난 전쟁) 때의 3대첩 중 하나인 행주대첩을 기념하고, 나라를 위해 목숨을 바친 분들의 넋을 추모하기 위함입니다. 권율(1537~97)은 행주대첩을 이끈 장군입니다. 권율이 위기에 처한 나라를 구하기 위해 한 일과 그의 나라 사랑 정신을 공부합니다.

➜ 함께 읽으면 좋은 책

『권율』

유한준 지음, 태서출판사 펴냄, 139쪽

임진왜란이 일어나자 바다를 지킨 이순신과 더불어 육지에서 용감히 싸워 큰 공을 세운 권율의 업적과 생애가 담겨 있습니다. 임진왜란을 승리로 이끄는데 크게 공헌한 행주대첩 관련 이야기를 자세하게 알 수 있습니다.

뒤늦게 벼슬길에 오른 뒤 임진왜란 일어나

권율은 대대로 높은 벼슬을 지낸 이름 있고 넉넉한 집안에서 자랐다. 그런데 권율은 어려서부터 노는 데에만 열중해 스무 살이 넘도록 글공부를 잘 하지 않았다.

그러던 어느 날 아버지의 친구가 찾아와 경서에 나오는 글귀 한 구절을 물었다. 하지만 권율은 대답하지 못했다. 부끄러움을 느낀 권율은 이때부터 공부를 시작했다. 그리고 1582년 마흔 여섯의 나이에 벼슬길에 올랐다.

그 무렵 오랫동안 평화 시대를 누렸던 조선은 신하들이 각자 무리를 지어 세력을 다투느라 국방에 소홀했다. 이웃나라 일본은 도요토미 히데요시(1536~98)가 등장해 일본을 통일하고, 우리나라와 명나라(1368년에 세운 중국의 통일 왕조)를 침략할 준비를 했다.

권율의 나이 56세 때 임진왜란이 일어났다. 일본은 조선에게 "명나라를 정복하러 가게 길을 비켜 달라."고 요구했지만 거절당했다. 이에 일본은 1592년 4월 13일 20만 대군

▲권율 장군 영정.

을 이끌고 조선을 침공했다. 전쟁 대비가 소홀했던 조선은 연전연패 했고, 당시 왕이었던 선조(재위 1567~1608)는 수도인 한양을 버리고 평양으로 피란길에 올랐다,

이런 뜻이에요

경서 유교의 사상과 교리를 써 놓은 책.
토요토미 히데요시 일본의 무장이자 정치가. 100여 년간 계속된 혼란을 수습해 일본을 통일하고 우리나라를 공격해 임진왜란을 일으켰으나 실패했다.

권율, 육지 전투에서 최초로 승리하다

"전라도는 곡창 지대다. 게다가 전쟁 물자를 전하는 길목이기도 하니 우리 일본군이 이곳을 점령해야 한다."

경상도와 충청도를 휩쓴 일본군은 군량미를 확보하기 위해 호남평야로 나가려고 했다.

일본의 의도를 눈치 챈 권율은 충남에서 전라도로 진격하는 일본군을 막기 위해 먼저 이치 길목에 진을 치고 일본군을 기다렸다. 이치는 전북 완주의 대둔산을 넘어가는 고개다. 전라도로 진출할 수 있는 교통의 요지이며 전략상 중요한 곳이었다. 권율은 이곳에서 1500여 명의 군사를 데리고 일본의 대군과 죽을 각오로 싸운 끝에 물리쳤다. 임진왜란 최초로 육지에서 승리한 전투였다. 그 뒤 일본군은 다시 전라도를 넘보지 못하게 되었다.

권율은 여세를 몰아 계속 북쪽으로 나아가다 오산의 독산성에 머무르며 성을 튼튼하게 쌓았다. 한양으로 진격한 일본군의 보급로를 차단하기 위해서였다. 독산성에 물이 적어 오래 버티지 못할 것으로 판단한 일본군은 성을 포위했다. 권율은 꾀를 내 새벽녘에 산성 꼭대기에 말들을 데려가 흰쌀을 끼얹으며 물로 씻기는 시늉을 하게

▲전북 완주군 운주면 산북리의 이치 전적비.

▲경기도 오산시 세마동에 있는 독산성.

했다. 그러자 멀리서 이 모습을 본 일본군은 성에 물이 많은 것으로 여겨 물러났다.

행주대첩으로 한양 되찾아… 임진왜란 승리 원동력

권율은 한양을 되찾기 위해 2300여 명의 군사를 이끌고 한강을 건너 행주산성에 도착했다. 권율은 우선 허물어진 성벽에 울타리를 세워 적군이 함부로 넘어오지 못하도록 했다. 화살 등 무기와 양식도 충분히 준비했다. 의병도 소식을 듣고 행주산성으로 모여들었다.

일본군 3만여 명이 마침내 새벽을 틈타 몰려왔다. 여러 겹으로 성을 포위한 일본군은 쉴 새 없이 공격을 퍼부었다. 권율은 화살이 다 떨어지자 잿가루를 뿌리고 돌을 던지며 싸우도록 독려했다. 이 때 여자들이 긴 치마를 잘라 앞치마를 만들어 입고, 거기에 돌을 주워 담아 싸움을 도왔다. 여기서 '행주치마'라는 이름이 생기게 되었다고 한다. 결국 일본군은 많은 사상자를 내고 물러갔다.

의병과 일반 백성까지 모두 함께 힘을 모아 싸웠던 행주산성의 승리는 전국에 흩어져 나라를 구하기 위해 일본군과 싸우는 조선의 군사와 의병에게 큰 용기를 주었다.

그 뒤 일본군의 사기는 크게 꺾였고, 임진왜란을 승리로 이끄는 계기가 됐다.

▲행주대첩을 기념하기 위해 세운 행주대첩비.

▲권율을 모신 사당인 충장사. 경기도 고양시 덕양구 행주내동 행주산성에 있다.

💡 이런 뜻이에요

의병 외적의 침입을 물리치기 위해 백성들이 자발적으로 조직한 군대.

생각이 쑤욱

1 다음 글을 읽고 기사를 참고해 빈칸에 알맞은 말을 채우세요.

> 1592년 　　　　 은 20만 대군을 이끌고 조선을 침략했다. 18일 만에 　　　　 이 함락되자 선조는 도성을 버리고 피란길에 올랐다. 전국 각지에서 양반, 승려, 농민, 노비들이 모여 　　　　 을 일으켰다. 육지에서 일본군에 지기만 하던 군대가 　　　　 에서 최초의 승리를 거두었다. 　　　　 이후 일본군의 사기가 크게 꺾여 임진왜란을 끝내는 계기가 됐다.

2 행주산성에서 권율은 2300여 명의 군사로 3만여 명의 일본군을 물리쳤습니다. 권율이 적은 군사로 대군을 물리칠 수 있었던 것은 무엇 때문일까요?

▲행주대첩 기록화.

3 임진왜란이 일어나자 전국 각지에서 많은 의병이 일어나 나라를 구하기 위해 목숨을 바쳤습니다. 그 사례를 한 가지만 들어 1분 동안 소개해보세요.

 **머리에 쏘옥**

임진왜란과 의병 활동

임진왜란 때 나라가 위기에 처하자 의병 활동이 활발했습니다. 경상도 의령에서는 곽재우가 군사 1000여 명을 모아 낙동강을 따라 왕래하면서 왜군을 무찔렀습니다. 전라도 광주에서는 고경명 등이 의병을 일으켰습니다.

승려의 활약도 컸습니다. 묘향산에서는 휴정이 승군 1000여 명을 모은 뒤 각 도의 승려도 의병을 일으킬 것을 호소했습니다. 금강산의 유경과 전라도의 처영도 승병을 모아 활약했습니다.

충청도 옥천에서는 조헌이 청주를 되찾고 금산성에서 일본군과 맞서 싸우다 700여 명이 모두 전사하기도 했습니다.

의병은 지리에 익숙하고 향토 조건에 알맞은 무기와 전술을 터득해 적은 병력으로 많은 수의 적군을 상대할 수 있었습니다.

4 권율은 백성을 군인으로 모으기 위해 사방에 글을 써 붙였어요. 그 글에는 어떤 내용이 담겨 있을까요?

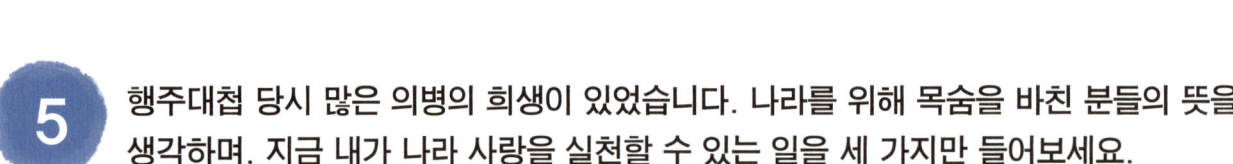

5 행주대첩 당시 많은 의병의 희생이 있었습니다. 나라를 위해 목숨을 바친 분들의 뜻을 생각하며, 지금 내가 나라 사랑을 실천할 수 있는 일을 세 가지만 들어보세요.

6 이치대첩은 임진왜란 당시 육지에서 승리한 최초의 전투입니다. 문화재청에 이치대첩지를 문화재로 지정해달라는 편지를 400자 안팎으로 써보세요.

유성룡과 하회마을

⬆ 유성룡 영정.

우리나라를 대표하는 역사 마을인 경북 안동 하회마을과 경주 양동마을이 2010년 8월 1일 (한국 시간) 유네스코(UNESCO·유엔교육과학문화기구)가 선정하는 세계문화유산으로 확정되었습니다.

하회마을의 경우 풍산 류 씨가 대를 이어 모여 사는 마을인데, 특히 일본이 조선을 쳐들어온 임진왜란(1592~98)때 영의정을 지낸 서애 유성룡(1542~1607)이 태어난 곳으로도 유명합니다.

유성룡은 조선 시대 최대 위기였던 임진왜란을 승리로 이끄는 데에 큰 공을 세웠습니다.

유성룡은 임진왜란이 끝난 뒤 하회마을에서 전쟁 당시 상황을 기록한 〈징비록〉(국보 제 132호)을 쓰기도 했습니다.

유성룡의 생애와 업적을 탐구하고, 그의 국난 극복 노력을 공부합니다.

> **관련 교과**
> **3학년 2학기 도덕 4단원**
> 나라 사랑의 길
> **3학년 2학기 국어 4단원**
> 인물과 하나 되어
> **4학년 1학기 도덕 5단원**
> 자랑스러운 우리나라

◆함께 읽으면 좋은 책◆

『유성룡 징비록』

박교영 지음, 이동철 그림, 주니어김영사 펴냄, 251쪽

임진왜란의 교훈을 담은 유성룡의 『징비록』을 만화로 구성했어요. 당시 긴박한 상황과 전쟁 무기 등을 한눈에 알 수 있습니다.

어릴 적부터 천재적인 독서광… 조정 능력 뛰어나

🔼 서애 유성룡의 하회마을 생가 충효당.

"유성룡은 책을 읽을 때 한 번 스쳐보기만 해도 내용을 꿰뚫고 한 글자도 빠뜨리지 않았다. 처음부터 끝까지 그 뜻을 알았고, 그 내용을 설명할 수 있었을 뿐만 아니라 여러 가지 책을 들어 증거까지 대 사람들이 탄복했다."

조선 시대의 역사를 기록한 『조선왕조실록』(국보 제151호)의 유성룡에 대한 기록이다.

네 살 때부터 글 읽기를 시작했던 유성룡은 어렸을 적부터 왕성한 독서를 통해 자기 발전을 꾀했다. 스물한 살 되던 해 그는 퇴계 이황(1501~70)을 찾아가 가르침을 받았다. 이황은 유성룡에게 "하늘이 낳은 인물이로다. 열심히 공부해 나라를 위해 큰일을 하라."고 말했다.

1569년(선조 2) 과거에 급제해 벼슬길에 오른 유성룡은 바쁜 나날을 보냈다. 하루는 선조(제14대 왕·재위 1567~1608)가 책을 읽다가 유성룡 등 신하들에게 "과인은 어떤 임금인가?"라고 물었다. 한 신하가 "요순(중국 고대 왕조에서 어질기로 소문난 요임금과 순임금)과 같은 임금입니다."라고 하자, 다른 신하가 "요순과 같은 임금도 될 수 있지만 걸주(중국 고대 왕조에서 포악하기로 소문난 임금)와 같은 임금도 될 수 있습니다."라고 말했다.

그 말을 들은 선조의 낯빛이 변했다. 그때 유성룡이 "두 사람 모두 임금님을 사랑하는 뜻에서 한 말입니다. 요순에 견준 것은 성덕을 바라는 뜻이요, 걸주를 입에 올린 것은 걸주와 같은 임금이 되면 안 된다는 경계의 뜻에서 한 말입니다."라고 밝혀 한바탕 웃게 만들었다.

다양한 계략으로 임진왜란 승리로 이끌어

⬆ 경기도 양평군 개군면과 여주군 대신면에 걸쳐 쌓은 파사성. 유성룡이 임진왜란 때 개축해야 한다고 주장한 성이다.

1590년 유성룡이 우의정의 자리에 올랐다. 일본에 통신사를 보내 그들의 움직임을 살폈다.

유성룡은 통신사의 보고를 들은 뒤 일본이 곧 전쟁을 일으킬 것이라고 생각했다. 유성룡은 명나라에 사신을 보내 이 사실을 알렸고, 전쟁에 대비해 장수를 뽑아야 한다고 주장했다. 이때 유성룡이 추천한 사람이 바로 권율(1537~99)과 이순신(1545~98) 장군이다. 또 선조에게 전쟁에 대비해 성을 쌓고 새로운 무기를 만들자고 제안했다.

유성룡의 예측대로 1592년 마침내 조총(휴대용 소총)으로 무장한 일본군이 쳐들어왔다. 조선군은 전투에서 연전연패했다. 전황이 다급해지자 피란길에 오른 선조에게 신하들은 명나라로 피신해야 한다고 주장했다. 하지만 유성룡은 적극 반대했다.

"임금께서 우리 땅에서 한 발자국이라도 떠나시면 그때부터 조선은 더 이상 우리 땅이 아닙니다."라며 선조를 붙잡았다. 그리고 명나라에 도움을 요청했다.

유성룡은 부족한 군사력을 보충하기 위해 의병도 모집했다. 속오군(양반과 노비까지 함께 편성한 군대)을 제안해 양반에게도 병역의 의무를 주려고 했다. 천민도 공을 세우면 관직에 오를 수 있는 길을 열어줬다.

다른 한편으로는 굶주린 백성을 보살피기 위해 1593년 중강진(평안북도)에 명나라와 무역 시장(중강 개시)을 열어 면포를 팔고 부족한 쌀을 수입하도록 했다.

유성룡 고향 하회마을… 수백 년된 문화재도 많아

↑ 세계문화유산에 등재된 하회마을.

↑ 하회마을에 있는 옥연정사. 유성룡이 이곳에서 『징비록』을 썼다.

유성룡이 태어난 하회마을은 조선 시대부터 살기 좋은 곳으로 유명했다. 흐르는 강물이 마을을 섬처럼 둘러싸 마치 연꽃이 물에 떠 있는 형상의 하회마을에는 유성룡의 생가인 충효당과 류 씨 종가 등 조선 시대부터 이어진 많은 옛날 건축물들이 잘 보존되어 있다.

유네스코도 "주택, 정자, 서원 등 전통 건축물들이 조화롭게 배치돼 조선 시대 사회 구조와 독특한 유교적 양반 문화를 잘 보여준다."고 밝혔다.

중요 무형문화재인 하회별신굿탈놀이(중요무형문화재 제69호)를 포함해 국보급 문헌 자료도 풍부하다. 하회별신굿탈놀이는 해마다 음력 1월에 마을 사람들이 병을 앓지 말고 편안하게 지내기를 기원하며 마을의 서낭신(토지와 마을을 지켜 준다는 신)에게 제사를 지낸 뒤 벌이는 민속 가면극이다.

유성룡은 전쟁이 끝난 뒤 벼슬을 버리고 이곳에서 『징비록』을 썼다. 징비란 '지난 잘못을 반성해 뒷날의 어려움에 대비한다.'는 뜻이다.

하회마을은 엘리자베스 2세 영국 여왕과 미국의 전 대통령 부시 부자가 각각 방문하기도 했다.

생각이 쑤욱

1 다음 ☐ 안에 알맞은 말을 찾아요.

　1592년 4월 일본을 통일한 토요토미 히데요시가 ☐☐☐☐☐ 을 일으켰다. 새로운 무기인 ☐☐☐☐☐ 으로 무장한 일본군에 조선 군대는 연전연패했다. 결국 한 달도 안 되어 수도 ☐☐☐☐☐ 이 함락되고 유성룡은 ☐☐☐☐☐ 임금을 모시고 ☐☐☐☐☐ (으)로 피란을 떠났다.

 하회마을이 세계문화유산으로 지정됨에 따라 이 곳을 찾는 관광객도 늘어날 것입니다. 관광객들에게 하회마을이 특징이 잘 드러나도록 소개해보세요.

머리에 쏘~옥

하회마을의 유래

　하회마을은 마을의 가옥과 건물들이 지형과 조화돼 자연과 일체화된 경관을 이루고 있다고 합니다.

　마을 이름을 '하회'라 한 것은 낙동강이 'S'자 모양으로 마을을 감싸 안고 흐르는 데서 유래되었다고 해요.

 유성룡은 임진왜란 때 천민도 공을 세우면 관직에 오를 수 있도록 했어요. 이 정책이 당시 조선에 어떤 영향을 주었을까요?

⬆ 2009년 9월 12일 대구 용암산 정상에서 임진왜란 때 목숨을 바친 의병의 넋을 기리기 위해 올린 '용암산성 옥천제'.

생각이 쑤욱

4 임진왜란이 끝난 뒤 일본은 조선에 통신사 파견을 요청합니다. 이를 놓고 조정에서는 찬반이 맞섭니다. 내가 유성룡이라면 어떤 결정을 내렸을까요?

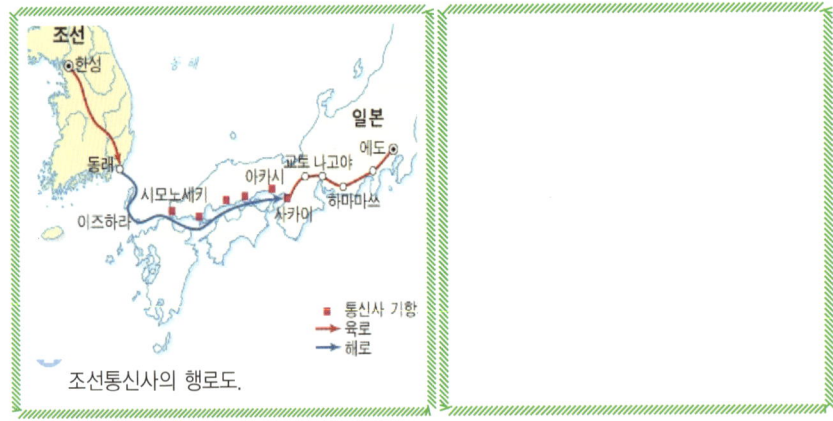

조선통신사의 행로도.

5 전세가 불리해지자 일본군 대장은 서로 화친하자는 글을 조선에 보내왔어요. 그 때 병석에 누워 있던 유성룡은 선조에게 글을 올렸어요. 유성룡의 성정으로 보아 어떤 내용이었을지 추측하세요.

6 유성룡은 나라가 전쟁에 휩싸여 어려운 상황에서 한 나라의 지도자로서 최선을 다합니다. 하지만 그에 대한 부정적인 평가도 있습니다. 유성룡이 지도자로서 전란 극복을 위해 한 노력을 어떻게 생각하나요?(400~500자)

머리에 쏘~옥

조선통신사

⬆ 조선통신사 상륙 기념비.

조선통신사는 조선에서 일본에 파견했던 공식 외교 사절을 말합니다.

통신사를 파견한 목적은 임진왜란 전에는 주로 왜구 금지 요청이 목적이었으나, 그 뒤에는 임진왜란 때 잡혀간 포로의 귀환과 일본의 움직임·국정을 탐색하기 위해서였습니다.

유성룡과 십만양병설

유성룡은 율곡 이이(1536~84)의 십만양병설을 반대했다는 기록이 있습니다.

율곡의 십만양병설을 최초로 기록한 책은 율곡의 제자 김장생(1548~1631)이 쓴 『율곡행장』에 나옵니다. 율곡이 이미 임진왜란이 일어나기 10년 전에 십만양병을 주장했더니 유성룡이 반대했다는 것입니다.

인물사 9

정조 대왕과 개혁 정치

▲2011년 3월 27일 경기도 수원 화성 근처에서 정조 대왕이 아버지 사도세자의 능(융릉)을 참배하기 위해 행차하던 모습이 재현되고 있다.

 정조는 조선 제22대 왕(재위 1776~1800)입니다. 그는 후기 조선 문화를 크게 발전시키고, 백성이 모두 잘 사는 나라를 만들기 위해 노력했습니다. 세계문화유산으로 등재된 수원 화성도 쌓았습니다. 정조는 부모님에 대한 효심이 깊기로도 유명합니다. 백성을 지극히 사랑한 정조의 업적과 효 정신을 배웁니다.

▶ 함께 읽으면 좋은 책

『정조』
햇살과나무꾼 지음, 주니어랜덤 펴냄, 143쪽

 정치를 안정시키고 백성의 생활을 편안하게 하기 위해 많은 업적을 남긴 정조의 일대기가 담겨 있습니다. 능력 있는 인재를 등용하고, 왕권을 튼튼히 한 정조의 모습을 살펴볼 수 있습니다.

백성의 생활을 안정시키기 위해 노력

정조는 1752년 사도세자(1735~62)와 혜경궁 홍씨 사이에서 태어났다. 어려서부터 책을 많이 읽고 효성도 지극했다.

하지만 10세 되던 해 아버지 사도세자가 할아버지인 영조(재위 1724~76)의 노여움을 사 뒤주에 갇혀 죽는 일을 겪었다. 그리고 24세 때 할아버지의 뒤를 이어 왕위에 올랐다. 당시는 신하들이 각자 무리를 지어 자기 파의 이익을 위해 다투는 일이 잦았다.

정조는 신하들끼리 파당을 지어 다투는 일을 막기 위해 인재를 골고루 등용했다. 또 백성이 좀 더 편안하게 생활할 수 있도록 다양한 정책을 폈다.

▲정조의 영정

무엇보다 가난한 백성을 구제하기 위해 많은 노력을 기울였다. 우수한 농사법을 개발해 널리 알려 생산량을 늘리고 굶주리는 백성이 없도록 했다. 가난한 백성의 세금을 크게 줄였으며 가혹한 형벌도 금지했다. 지방에 암행어사를 자주 보내 백성을 괴롭히는 못된 관리를 벌주었다.

정조는 아버지의 묘소를 참배하러 가는 길에 백성의 억울한 사정을 듣고 직접 처리할 정도로 백성을 사랑하는 마음이 깊었다.

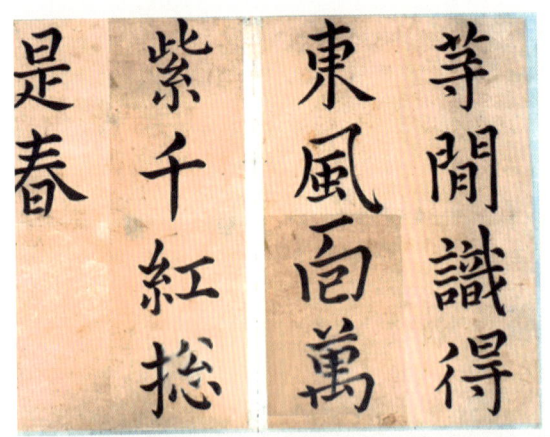
▲정조가 직접 쓴 정조어필첩 중 '온통 봄이로구나' 시구.

이런 뜻이에요

암행어사 조선 시대 왕의 명령을 받아 비밀리에 지방을 돌며 백성의 삶을 돌아보고, 지방 관리의 치적을 조사하던 임시 관직.

인재 키우고 문화 발전시켜

정조는 학문과 문화 발전을 위해 다양한 정책을 폈다. 우선 국립도서관인 규장각을 설치했다. 규장각에는 과거 왕이 지은 책이나 글씨, 그림 등을 보관했다. 또 규장각을 중심으로 다양한 책을 수집했으며, 새로운 활자를 개발해 간행 사업을 활발하게 펼쳤다.

규장각에서는 젊고 능력 있는 인재를 뽑아 직접 교육을 시키고 시험도 실시했다. 특히 재능은 뛰어나지만 신분 때문에 벼슬길에 오르지 못했던 박제가(1750~1805) 등과 같은 학자들을 등용해 신분 차별의 벽을 허물었다. 신하들은 양반과 상민의 신분 질서가 깨질 것을 우려해 반대했다. 하지만 정조는 재주만 있으면 신분을 가리지 않고 인재를 뽑아 썼다. 정조의 이러한 정책 덕에 실생활에 필요한 학문이 꽃필 수 있었다.

정조는 지방 인재 선발에도 관심을 가졌다. 이를 위해 지역에 관리를 파견해 과거 시험을 보게 했다. 이밖에도 국가의 필수품을 공급하는 육의전을 제외한 모든 시전의 금난전권을 없애는 등 자유로운 상거래를 보장해 상공업의 발전을 꾀했다.

▲조선 시대 화가 김홍도(1745?)의 규장각도. 정조가 즉위한 해인 1776년에 그렸다.

이런 뜻이에요

박제가 조선 후기 실학자. 청나라의 선진 문물을 본받아야 한다고 주장했다.
육의전 조선 시대 독점적 상업권을 보장받고 국가에서 필요한 물품을 댄 여섯 종류의 큰 상점.
시전 조선 시대 수도였던 한양의 시가지에 있던 큰 상점.
금난전권 조선 후기 육의전과 시전에서 상권을 독점하기 위해 등록되지 않거나 허가된 물품 이외의 것을 몰래 파는 사람을 단속할 수 있는 권리.

개혁의 뜻 펼치려 신도시 화성 건설

정조는 아버지 사도세자에 대한 효성이 지극했다. 우선 할아버지 영조 대왕에 의해 뒤주에 갇혀 비참하게 돌아가신 아버지의 묘를 수원으로 옮긴 뒤 '현륭원'이라 불렀다. 그리고 정약용(1762~1836)에게 수원에 성을 짓도록 해 신도시(화성)를 건설했다.

정조는 화성으로 도읍을 옮겨 새로운 개혁 정치를 펴려는 계획을 세웠다. 화성 건설과 함께 행궁도 지었다. 해마다 아버지의 묘를 참배하기 위해 수원으로 행차하며 한강을 건너는 배다리를 만들었으며, 서울에서 화성으로 가는 교통로도 새로 개척했다. 화성은 조선 후기의 문화와 사회, 경제 수준을 가늠할 수 있는 역사적인 자료로, 1997년 유네스코 세계문화유산으로 등재되었다.

정조의 효성에 관한 이야기는 많이 전해진다. 정조는 아버지의 묘소 주위에 소나무를 많이 심었다. 초여름 어느 날 정조는 솔잎을 갉아먹는 송충이를 보자 "아버님이 잠드신

▲화성 4대문의 하나인 화서문.

숲을 갉아먹느니 차라리 내 창자를 갉아먹으라."며 송충이를 그대로 씹어 삼켰다고 한다.

정조는 1800년 뜻을 다 펴지 못한 채 세상을 떠났고, 자신이 바라던 대로 아버지의 능 옆에 묻혔다.

 이런 뜻이에요

정약용 조선 후기 문신이자 실학자로 개혁과 개방을 통해 부국강병(나라의 경제력을 넉넉히 하고, 군사력을 튼튼하게 함)을 주장했다.
행궁 왕이 궁 밖으로 행차할 때 임시로 머무르던 별궁. 전국에 행궁을 세우고 지방으로 나갈 때 처소로 사용하거나 전란 때 피난처로 썼다.

생각이 쑤욱

1 정조가 백성을 위해 어떤 일을 했는지 정리하세요.

 머리에 쏘옥

사도세자

영조의 둘째 아들로 왕세자에 올랐으나 영조의 노여움을 사 뒤주에 갇혀 죽었어요. 부인은 영의정 홍봉한의 딸 혜경궁 홍씨입니다.

1749년(영조 25) 15세 되던 해 영조의 명을 받고 왕을 대리해 일을 처리했어요. 그때는 노론이라는 정치 세력이 정부의 주요 관직을 차지하고 정권을 장악했었는데, 사도세자는 반대 파벌인 소론과 친했습니다. 이에 노론은 세자가 영조의 뒤를 이어 왕위에 오르면 세력이 약화될 것을 우려했어요. 결국 노론 세력은 영조에게 세자의 비행을 과대포장해 고자질했고, 영조는 세자를 뒤주에 가둬 굶겨 죽였답니다.

2 정조가 수원에 화성을 건설한 이유는 무엇인가요?

▲사도사제가 묻힌 경기도 화성의 융릉.

3 정조는 백성들에게 책 읽기를 강조했습니다. 정조 입장에서 책을 읽기 힘들어하는 어린이들에게 좋은 독서 방법을 추천해주세요.

4 정조의 효심을 기리고 효의 의미를 되새기는 '정조효행문화제'를 열려고 해요. 효 정신을 배우고 체험할 수 있는 행사 아이디어를 세 가지만 내보세요.

 머리에 쏘옥

수원 화성과 거중기

거중기(**사진**)는 정약용이 1796년 수원 화성을 쌓는데 쓰기 위해 고안한 장치입니다. 도르래의 원리를 이용해 작은 힘으로 무거운 물건을 들어 올릴 수 있습니다.

정조는 성을 쌓는 기술을 얻기 위해 중국에서 많은 책을 사오도록 했습니다. 그리고 이들 책 가운데 서양의 여러 가지 기계에 대해 해설한 『기기도설』을 참고해 거중기를 만들었다고 합니다.

거중기는 한두 사람의 힘으로 10톤에 이르는 돌을 들어올려 사람들을 놀라게 했습니다.

5 정조가 재주만 있으면 신분을 가리지 않고 인재를 등용하자 양반의 반대가 심했어요. 정조의 입장에서 양반을 1분 동안 설득해보세요.

6 정조 대왕의 업적을 기리기 위해 탄신일을 기념일로 지정해야 한다는 주장이 있습니다. 내 생각은 어떤가요?

인물사 10

도산 안창호와 독립 운동

도산 안창호(1878~1938) 선생이 세계 인권 운동가들의 업적을 기리기 위해 미국의 킹 센터 안에 만든 '세계 인권 명예의 전당'에 아시아인 최초로 2012년 1월 6일 오를 예정입니다. 킹 센터는 미국의 흑인 인권운동가인 마틴 루서 킹(1929~68) 목사를 기리기 위해 세웠습니다.

도산은 우리 겨레의 뛰어난 스승이자 자랑할 만한 위인입니다. 그는 우리 민족이 나가야 할 방향을 밝힌 교육자였으며, 빼앗긴 나라를 되찾기 위해 독립 운동에 일생을 바친 애국자였습니다. 도산은 특히 우리나라가 자주 독립을 이루려면 교육이 가장 중요하다고 여겼습니다.

안창호 선생의 생애를 알아보고, 그의 나라 사랑 정신에서 배울 점을 탐구합니다.

▲도산 안창호.

◆ 함께 읽으면 좋은 책

『안창호』

김원석 지음, 태서출판사 펴냄, 140쪽

국내외에서 활발하게 활동하며 우리나라의 독립을 위해 앞장섰던 도산 선생의 일생을 소개하고 있습니다. 한결같은 자세로 살아온 도산의 삶을 따라가며 그의 정신을 배울 수 있습니다.

61

교육 계몽 운동 통해 나라 독립을 꿈꾸다

안창호가 어렸을 때는 강대국들이 우리나라를 차지하려고 다투던 때였다. 안창호가 17세 되던 해 청나라와 일본이 우리나라에서 전쟁을 벌였다. 이 바람에 많은 국민이 총에 맞아 다치거나 죽었다.

"나라가 힘이 없으니 이런 일을 당하는 거야. 나라를 일으키려면 발달된 신학문을 배워야 해."

1895년 안창호는 서울로 와 미국 선교사인 언더우드가 학장인 구세학당에 들어갔다. 3년 동안 산수, 지리, 세계사, 과학 등 새로운 학문을 배우며 서구의 문물을 접했다.

안창호가 구세학당을 졸업할 무렵 나라 형편은 더욱 어려워졌다. 정부에는 돈이 없어 나라 살림을 하기 어려웠다. 신하들은 이러한 문제를 풀 힘이 없었고, 돈으로 벼슬을 사고파는 일도 벌어졌다.

안창호는 졸업한 뒤 구세학당에서 학생을 가르치는 일을 돕게 되었다. 나라를 걱정하는 사람들이 모여 만든 독립운동단체인 독립협회에도 가입했다. 1898년 9월 10일 안창호는 독립협회 주최로 평양에서 열린 만민공동회에서 감동적인 연설을 해 사람들의 마음을 사로잡기도 했다. 1899년에는 외국 세력을 물리치고 민족의 힘을 기르기 위해 고향에 점진학교를 세웠다.

▲서울시 강남구 신사동 도산공원에 있는 안창호 선생 동상.

이런 뜻이에요

독립협회 1896년 7월 설립한 우리나라 최초의 근대적 사회정치단체. 자주 독립과 개혁을 내걸고 활동했다.

점진학교 안창호가 1899년 고향인 평안남도 강서에 세운 우리나라 최초의 비공인 지방 사립 초등학교.

해외 교포도 적극 지도… 단체 만들어 일본에 대항

'세계의 신지식을 터득해야 세계를 지배할 수 있다.'

1900년 안창호는 신학문을 더 배우기 위해 미국으로 떠났다. 그는 일을 하며 초등 과정부터 공부를 다시 시작했다.

그러던 어느 날 우리 교포들이 미국인들에게 멸시 당하는 모습을 보았다. 그때 교포들은 과수원에서 오렌지를 따는 일을 하며 겨우 생계를 유지할 정도로 가난했다. 안창호는 하던 공부를 뒤로 미루기로 했다.

'우리 국민에게 사람답게 사는 길을 깨우쳐 주고, 스스로 독립할 자격이 있는 국민임을 보여줘야 해.'

그는 교포들이 사는 집에 찾아가 청소도 해주고 창문에 화분도 놓아 주었다. 그들의 권익 보호와 생활 향상에도 힘쓰고, 야학을 세워 교육도 시켰다.

궂은일을 마다하지 않고 솔선수범하는 안창호에게 사람들은 차츰 마음을 열기 시작했다. 안창호는 교포들이 서로 어려운

▲도산이 미국 캘리포니아 농장에서 오렌지를 수확하고 있다.

일을 의논하고 도우며 생활할 모임도 만들어 하나로 뭉치게 했다.

을사조약 소식을 듣고 깜짝 놀란 안창호는 이듬해 고국으로 돌아왔다. 그리고 1907년 신민회를 만들었다. 신민회는 전국의 애국자들이 일본에 대항하기 위해 비밀리에 만든 단체였다.

 이런 뜻이에요

을사조약 일본이 1905년 우리나라를 강압해 체결한 조약. 우리나라의 외교권 박탈과 통감부(일본이 우리나라를 빼앗을 목적으로 세운 감독 기관) 설치 등이 주요 내용이다.

해외서 독립 운동… 광복 못보고 숨져

안창호는 나라의 독립을 위해 비밀리에 독립운동을 했다. 그는 교육을 통해 민족의 기둥을 키우기 위해 대성학교도 세우고, 평양에 태극서관이라는 책방을 열어 책도 출판했다. 도자기 회사도 만들어 나라의 경제를 일으키려고 애썼다.

하지만 1910년 일본에 나라를 빼앗기며 나라의 상황은 어둡기만 했다. 일본은 독립 운동을 철저히 감시하고 탄압했다. 더 이상 국내에서 활동하기 어렵다고 판단한 도산은 다시 미국으로 건너갔다. 미국에서 그는 각 지역의 대표 8명을 대표단으로 구성해 흥사단을 만들어 독립운동을 펼쳤다. 흥사단을 통해 교포의 힘을 한곳으로 모을 수 있었다.

안창호는 3·1운동이 일어나자 독립 자금을 모아 중국 상하이로 건너가 임시정부에서 활약했다. 1932년 4월 29일 윤봉길(1908~32)이 훙커우에서 폭탄을 던져 일본군을 죽인 사건이 일어났다. 안창호는 이 일로 인해 일본 경찰에 붙잡혔다. 윤봉길이 머물렀던 숙소들이 흥사단과 관련이 있다는 이유에서였다. 안창호는 모진 고문을 당하다 결국 병이 든 채 석방됐다.

안창호는 일본의 탄압에도 독립운동을 계속하다 1938년 3월 10일 조국의 독립을 보지 못한 채 눈을 감았다.

▲흥사단 4주년 기념 대회(1916)를 마친 뒤 기념 촬영 모습. 앞줄 왼쪽에서 네 번째가 안창호.

이런 뜻이에요

흥사단 안창호가 1913년 미국 샌프란시스코에서 만든 민족 운동 단체.
임시정부 외국 침략 등으로 해외에 임시로 세운 정부. 3·1운동 직후 조국의 광복을 위해 중국 상하이에서 조직해 선포했다.

생각이 쑤욱

1 안창호가 1898년 9월 10일 만민공동회 평양 대회 때 나라에서 벌어지는 옳지 않은 일을 낱낱이 밝히려고 해요. 어떤 일을 지적해야 할지 연설 원고에 쓸 자료를 찾아주세요.

2 다음에서 안창호가 말한 힘이란 어떤 힘을 말하는 걸까요? 본문에서 안창호가 한 일을 참고해 추측해보세요.

"힘이 없구나. 우리도 나라의 힘을 길러야 한다."

3 다음은 윤봉길 의사의 의거와 관련해 일본 경찰에 체포되었던 안창호가 1932년 열린 재판에서 일본 검사에게 한 말입니다. 안창호의 말에서 어떤 점을 배울 수 있을까요?

"앞으로도 계속 독립 운동을 할 작정인가?"
"그렇다. 나는 밥을 먹어도 민족을 위해 먹고 잠을 자도 민족을 위해 잤다. 민족을 위해 일하고자 하는 내 마음에는 변함이 없다."

머리에 쏘옥

만민공동회

독립협회에서 주최한 만민공동회는 '만 사람이 함께 여는 모임'이라는 뜻으로 일반인과 단체 회원, 정부 관료 등이 참여했어요.

여러 사람이 모인 자리에서 세계의 사정을 듣고, 나랏일의 옳고 그름을 이야기하는 것은 전에는 없던 일이었습니다. 또 손을 들어 찬성하거나 반대하는 뜻을 나타내는 것도 처음 해보는 일이었어요.

만민공동회는 주로 다른 나라에 의존하지 않는 독립적인 외교와 언론의 자유, 민족주의를 주장했다고 해요.

안창호는 평양 연설에서 벼슬아치들이 나라의 일은 제대로 하지 않고, 자기 이익만 챙기는 현실을 지적했어요. 그리고 강대국들에게서 스스로 나라를 지킬 힘을 길러야 한다고 주장했어요.

▲1898년 서울 종로 네거리에 열린 만민공동회.

4 안창호는 나라의 독립을 위해 평생을 바쳤어요. 내가 안창호였다면 당시 일본이나 강대국들에 저항하기 위해 어떤 일을 했을지 말해보세요.

5 독립운동가들은 민족을 깨우쳐 항일 투쟁을 벌일지, 실력을 기르며 때를 기다릴지를 놓고 주장이 엇갈렸어요. 내 생각은 어떤가요?

▲1919년 10월 11일 대한민국 임시정부 구성원들의 기념 촬영 모습. 앞줄 가운데가 안창호.

6 안창호는 나라를 망하게 한 것은 일본이 아니고 바로 나 자신이라고 했어요. 잘못한 것이 모두 '내 탓'이라는 생각을 갖게 하려면 어떤 자세가 필요할까요? 내 탓이라고 생각하면 좋은 이유를 들어 설명해보세요.

인물사 11

우장춘과 한국 농업

기후 변화 등 영향 때문에 세계적으로 옥수수·밀·콩 등 주요 곡물의 생산량이 급격히 줄자 값이 치솟고 있습니다. 이에 따라 나라마다 식량을 자원화하려는 움직임이 커지며, 종자 산업의 중요성이 강조되는 상황입니다.

우리나라도 종자 산업을 키워 미래의 농업을 이끄는 종자 강국을 만들기 위해 노력 중입니다.

우리나라 채소 종자의 역사에서 우장춘(1898~1959) 박사를 빼놓을 수 없습니다. 배추와 무, 강원도 감자, 제주 감귤이 모두 그의 연구 개발 덕에 나

▲우장춘 박사

왔습니다. 그는 1950년대 종자 수입국이었던 우리나라를 종자 수출국으로 탈바꿈시켰습니다. 우리나라의 육종 산업을 세계적 수준으로 끌어올리는 데 크게 기여한 것입니다. 육종이란 생물이 가진 유전적 성질을 이용해 새 품종을 만들거나 기존 품종을 개량하는 일을 말합니다. 육종 분야에서 우장춘 박사가 이룬 업적을 알아보고, 그의 탐구 정신을 배웁니다.

➜ 함께 읽으면 좋은 책

『우장춘』
오민석 지음, 주니어랜덤 펴냄, 143쪽

각종 채소와 농작물 품종을 개발하기 위해 애쓴 우장춘의 연구 일생과 학문적 열정이 담겨 있습니다. 우리나라가 주요 채소 종자를 자급자족할 수 있도록 신품종 개발에 몰두해 큰 성과를 낸 우장춘의 업적을 자세히 알 수 있습니다.

67

아버지의 땅 한국으로 귀국… 채소 씨앗 개발 몰두

"그동안 어머니의 나라 일본을 위해 일했어요. 지금부터는 아버지의 나라인 한국을 위해 일하고 싶습니다."

우리나라가 일본의 식민지에서 벗어나 광복을 맞자 일본에서 세계적인 육종학자로 이름을 떨치던 우장춘은 주변의 반대에도 한국에서 활동하기로 결심했다. 그는 1950년 우리나라의 초청으로 일본에서 귀국한 뒤 한국농업연구소 소장에 올랐다.

우장춘은 가장 먼저 채소 씨앗을 확보하기 위해 힘을 쏟았다. 일제강점기(1910~45)에 일본은 우리나라에 벼와 보리 농사만 짓도록 허락했다. 따라서 배추나 무 등 채소 씨앗을 일본에서 들여와야 했다. 그런데 광복 후 우리나라는 일본과 교류를 끊었기 때문에 씨앗을 구하기 어려웠다. 그때 우리나라 농가에서는 재래종 씨앗을 그대로 계속 사용했다. 따라서

▲우장춘의 한국 귀국을 환영하는 모습.

품질이 크게 떨어지는 바람에 수확량이 매우 적었다.

우장춘은 우리나라의 토양과 기후에 맞는 여러 가지 농작물을 끊임없이 연구했다. 결국 우수한 종자를 찾아내 새로운 품종을 개발한 결과 우리 입맛에 맞는 우수한 품종을 얻어냈다. 병충해 없이 잘 자라며 품질이 좋은 볍씨, 맛도 좋고 개량된 무와 배추 종자 등을 전국에 보급했다. 강원도의 바위땅에서도 잘 자라는 씨감자도 개발했다. 또 감귤 재배 기술을 보급해 제주도를 대표적인 감귤 생산지로 만들었다. 특히 개발된 여러 씨앗을 홍보하기 위해 '씨 없는 수박'을 만들기도 했다.

▲우장춘이 만든 씨 없는 수박.

반쪽짜리 일본인서 '한국인'으로 거듭나

우장춘은 1898년 4월 8일 일본에서, 한국인 아버지와 일본인 어머니 사이에 태어났다. 네 살 되던 해 아버지가 돌아가시자 가정 형편이 기울어 고아원에서 자라야만 했다. 낯선 곳에서 살아가는 우장춘에게는 힘든 일이 많았다.

어느 날 고아원에서 힘이 센 아이가 우장춘을 놀리기 시작했다.

"야, 너는 아버지가 조선인이지? 조선은 이제 일본의 속국(다른 국가의 지배를 받는 나라)이 되었단 말이야. 나라도 없는 자식이 까불지 마라."

이 일을 안 어머니는 우장춘을 데리고 조용히 밖으로 나갔다. 그리고 길가에 핀 민들레를 가리키며 말했다.

"저기 핀 민들레를 봐라. 저 민들레는 사람들의 발에 짓밟히면서도 아름다운 꽃을 피운단다. 너도 민들레처럼 어려운 일을 이기고 훌륭한 사람이 되었으면 좋겠다."

우장춘은 이 말을 늘 가슴에 간직하고 살았다. 그 뒤 조선인의 아들이라는 놀림을 받으면서도 공부를 열심히 해 초등학교와 중학교에서 줄곧 1등을 했다. 도쿄제국대학 농학부 실과를 다닐 때도 많이 굶주렸지만 1등을 놓치지 않았다. 이 대학은 오늘날의 농업전문대학에 해당한다.

우장춘의 이름은 일본 호적에 스나가 나가하루로 되어 있으나, 논문에는 우장춘으로 써 자신의 성 '우'를 지키며 살았다.

▲우장춘의 일대기를 담은 연극 '씨앗-우장춘 박사의 선택' 공연의 한 장면. 2005년 3월 부산시민회관 무대에 올려졌다.

새로운 종 얻는 기술 개발… 세계적으로 유명해져

우장춘은 1919년 대학을 졸업한 뒤 육종연구소에서 들어가 육종학 연구에 몰두했다. 그리고 20여 편의 논문을 발표하면서 유명해졌다.

1930년 겹꽃 피튜니아 개발에 성공한 뒤 인정받는 연구자가 되었다. 1936년에는 세계 최초로 둘 이상의 자연종을 교배해 새로운 종을 만드는 '종의 합성 이론'을 완성시켜 농학박사 학위를 받았다. 이 이론은 지금까지 없던 새로운 종을 만들어낼 수 있었기 때문에 세계를 놀라게 했다. 배추와 양배추를 교배시켜 유채와 같은 새로운 식물을 만들 수 있다는 사실을 밝힌 것이다.

과학계는 당시 다른 종 사이의 교배가 불가능하다고 믿었다. 하지만 우장춘은 종이 다른 배추과의 두 가지 채소를 무수히 중간 교배 실험한 끝에 전혀 다른 종의 채소를 얻는데

▲우장춘 박사가 피튜니아를 인공 교배하고 있다.

성공했다.

이러한 연구 업적은 스웨덴 등 여러 나라의 교과서에 실렸으며, 다윈의 진화론을 고쳐 써야 할 만큼 위대한 업적으로 평가받았다.

▲다양한 모습의 겹꽃 피튜니아.

생각이 쑤욱

1 우장춘의 업적을 아는 대로 들어보세요.

▲우장춘기념관.

2 우장춘이 일본에서 귀국한 뒤 가장 먼저 배추와 무 등 채소를 연구하기 시작한 이유는 무엇인가요?

3 다음 글을 읽고 과학자로서 우장춘에게 배워야 할 자세를 세 가지 이상 찾아요.

> 우장춘은 박사학위를 받고 싶었다. 정규 대학을 졸업한 사람도 박사학위를 받기가 쉽지 않은데, 전문대를 졸업한 우장춘에게는 더욱 어려운 일이었다. 하지만 우장춘은 도전했고, 마침내 4년에 걸친 관찰과 실험 연구 끝에 성공했다.
>
> 1950년 한국전쟁 중에도 우장춘은 조금도 흔들리지 않고 연구에 몰두했다. 그는 특별한 날을 빼고는 언제나 작업복 차림에 고무신을 신고 밀짚모자를 쓴 채 하루 종일 연구소의 밭에서 살았다.
>
> 우장춘은 머리를 스쳐가는 생각을 놓치지 않고 메모하는 습관이 있었다. 그는 잘 때도 머리맡에 연필과 작은 수첩을 준비해뒀다.

 **머리에 쏘옥**

우장춘기념관과 자유천

우장춘기념관은 우장춘 박사의 탄생 100주년을 맞아 부산시 동래구 온천동에 만들어졌습니다. 1층에는 우 박사의 생애와 활동상, 자유천(사진)에 얽힌 사연, 씨 없는 수박 이야기, 각종 유품 등이 전시돼 있습니다. 2층에서는 우 박사의 주요 업적과 우리나라 채소 종자의 변천사, 씨 없는 수박, 무와 배추를 합성한 무추 등 원예 모형을 볼 수 있습니다.

야외 마당에 있는 '자유천'은 자애로운 어머니의 젖과 같은 샘이라는 뜻을 지니고 있어요. 우장춘이 일본에서 돌아가신 어머니의 장례식에 참석하지 못하자 한국에서 혼자 어머니의 장례를 치르게 되었습니다. 이 소식을 듣고 많은 사람들이 성금을 보내왔습니다. 우장춘은 성금으로 우물을 파 연구소는 물론 물이 부족한 주위 사람들과 함께 사용했다고 합니다.

4 우장춘은 우리나라에 과학적인 농업을 도입하기 위해 육종의 중요성을 강조했어요. 달걀 크기 만한 신품종 딸기 '단미'를 예로 들어 육종의 중요성을 140자로 설명하세요.

▲달걀 크기 만한 신품종 딸기 '단미'.

5 일본에 살며 세계적인 육종학자로 인정받던 우장춘은 식량 문제가 급한 우리나라를 위해 편안한 생활을 버리고 가족과 헤어져 귀국합니다. 내가 우장춘이라면 당시 어떤 선택을 했을까요?

6 내가 우장춘 박사라면 어떤 식물을 새로 개발하고 싶은가요?

※개발하고 싶은 식물의 이름과 개발 동기, 필요성 등을 식물 그림을 곁들여 자세하게 씁니다.

개발하고 싶은 식물 그림

인물사 12

석주명과 나비 연구

한국조폐공사가 2011년 10월 28일 한국의 경제, 사회, 역사, 정치, 문화 등을 대표 하는 인물 100인을 대상으로 한 '한국의 인물 시리즈 메달' 33차분을 출시했습니다. 33차 메달은 '한국의 파브르'로 평가받는 세계적인 나비 박사 석주명(1908~50)이 선정됐습니다.

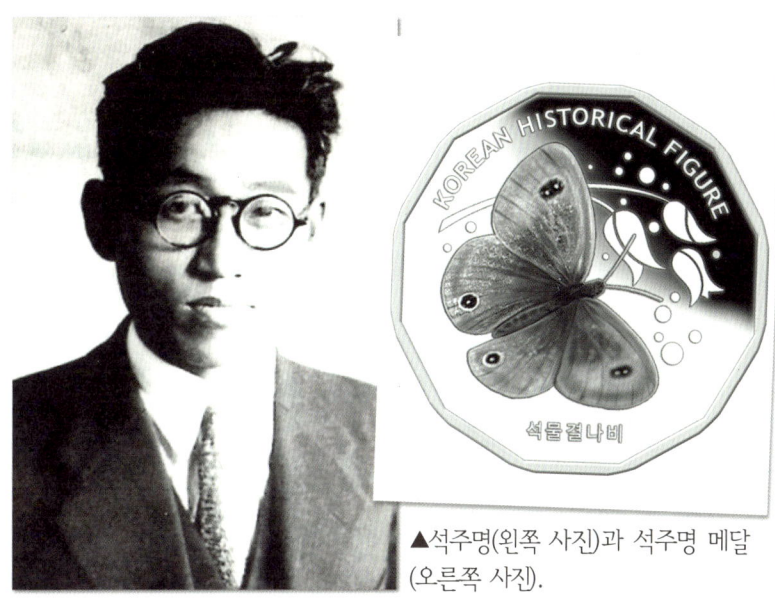

▲석주명(왼쪽 사진)과 석주명 메달 (오른쪽 사진).

석주명은 우리 땅에서 서식하는 나비에 대해 20여 년 동안 연구해 우리나라 나비 연구의 기틀을 마련한 생물학자입니다. 우리가 사용하는 대다수의 나비 이름은 그가 지은 것입니다.

그는 일본에게 나라를 빼앗겨 어둡던 시기에 나비 연구를 통해 우리 민족의 우수성을 세계에 알렸습니다. 세계가 인정하는 최고가 될 수 있었던 석주명의 끈기와 열정, 도전 정신을 탐구합니다.

➔ 함께 읽으면 좋은 책

『석주명』
김성수 지음, 씽크하우스 펴냄, 140쪽

석주명은 우리나라에 서식하는 나비를 제대로 알고 지키려 노력했습니다. 새로 찾아낸 수많은 나비 이름을 순 우리말로 지었습니다. 자신이 발로 뛰어 알아낸 현상이나 원리를 진지한 자세로 탐구한 석주명을 만나봅니다.

73

스물한 살 때 조선의 나비를 연구하기로 결심

▲석주명의 가족 사진(왼쪽 사진)과 석주명이 채집한 나비 표본(오른쪽 사진).

"조선에서는 아직 나비에 대한 연구가 제대로 되어 있지 않네. 남들이 손대기 전에 조선 사람인 자네가 나비를 연구해보게나. 자네가 십 년 동안 끊임없이 연구한다면 세계적인 나비학자가 될 거야."

스물한 살 때 일본에서 공부하던 석주명에게 그의 선생님이 한 말이다. 이때부터 석주명은 우리나라의 나비를 연구하기로 결심했다.

석주명은 어릴 적 개와 고양이뿐 아니라 비둘기와 도마뱀까지 기를 만큼 동물을 좋아했다. 그런데 그때는 우리나라가 일본에 나라를 빼앗겼던 시기였다. 독립 운동가를 돕는 아버지를 보며 자란 석주명은 어린 나이에 3·1운동에도 참가했다. 일본이 우리 민족의 혼을 없애기 위해 조선인에게 창씨개명(일제 강점기에 우리 민족의 성을 강제로 일본식으로 고치게 한 일)을 강요했을 때도 끝까지 거부했다.

석주명이 1931년부터 10여 년 동안 채집한 나비 표본은 75만 마리나 된다. 나비를 채집하려고 지리산에 갔을 때의 일이다. 흑갈색 바탕 위에 흰 무늬가 있는 날개를 가진 나비를 보았다. '저건 처음 보는 나비인데….' 그는 몇 시간이나 쫓아가 그 나비를 잡았다. 우리나라에서 처음 발견된 이 나비에게 석주명은 '지리산팔랑나비'라는 이름을 붙였다.

나비를 찾아 전국을 헤매다

일본에서 돌아온 석주명은 굳은 마음으로 나비 연구를 시작했다. 그는 송도중학교에서 학생들을 가르치면서도 전국 곳곳을 다니며 나비를 채집해 밤낮없이 조사하고 연구했다. 언제 어디서나 오직 나비만 생각하며 연구에 몰두했다. 이렇게 나비를 연구한 지 십여 년이 흘렀다.

그러던 어느 날 영국왕립아시아학회의 편지를 받았다. "조선에 있는 모든 나비를 연구해 책으로 써주십시오." 영국왕립아시아학회는 과학에 관한 한 세계에서 가장 유명한 학회였다. 석주명은 수십만 마리의 나비를 채집해 무늬 수, 날개 길이, 색깔 띠 등을 일일이 측정하고 통계를 내 외국 학자들이 우리나라의 나비에 대해 잘못 쓴 부분을 바로잡았다. 이런 연구 결과를 담아 『조선산 나비 총목록』을 펴냈고, 세계 각국의 학술 전문 서적에 실려 세계 유명 도서관과 학자들에게 전해졌다.

이 책을 쓴 뒤 석주명은 세계적인 학자로 떠올랐다. 그는 세계적으로 30여 명밖에 안 되는 세계나비학회 회원이 되었다.

그는 또 나비가 사는 곳을 표시해 지역과 높이에 따른 나비의 특징을 보여 주는 나비 분포 지도까지 만들었다. 이 『한국산 접류 분포도』는 생물지리학(생물의 분포와 그것에 관련된 것을 연구) 분야에서 세계적 걸작으로 꼽힌다.

▲실험실에서 나비를 연구하는 석주명.

한국산 나비 분류 연구에 한평생을 바치다

▲석주명이 소장으로 일했던 일제 시대 경성제대 생약연구소 제주도 시험장(현 제주대학교 부설 아열대 농업생명과학연구소).

유리창나비, 수노랑나비, 도시처녀나비, 깊은산부전나비, 점선나비, 모시나비, 청띠신선나비….

석주명이 지은 나비 이름들이다. 그는 우리말에 대한 관심과 재능도 남달랐다. 새로운 나비를 발견할 때마다 우리말로 된 예쁜 이름을 붙여주었다.

석주명은 과학의 중요성을 강조하면서 나라가 발전하려면 어린이에게 자연과 과학에 대한 흥미를 북돋아 탐구 정신을 길러주고 연구에 힘쓰게 해야 한다고 주장했다.

석주명은 연구를 위해 자투리 시간을 아끼려고 누구든 10분 이상 만나지 않았다. 이런 원칙 때문에 주위 사람들의 오해를 사기도 했다. 새벽 2시 이전에는 자본 일이 없었고, 식사 시간까지 아끼려고 길을 가며 땅콩으로 점심을 해결하기도 했다.

1943년 경성제국대학 부속 생약연구소의 제주도 시험장 연구소장으로 근무하면서 곤충뿐 아니라 제주도의 자연, 동식물, 인물, 민속, 향토사, 방언 연구에도 빛나는 업적을 남겼다.

그는 어이없게도 1950년 10월 6일 폐허가 된 과학박물관을 다시 세우기 위한 회의에 참석하러 가다가 불의의 총격을 당해 숨졌다.

▲유리창나비(위 사진)과 수노랑나비(아래 사진).

생각이 쑤욱

1 석주명이 한 일은 무엇이며, 그것을 바탕으로 그에게 어울릴 만한 별명을 지어주세요.

2 석주명이 산으로 나비를 채집하러 가려고 갑니다. 석주명에게 필요한 것을 아는 대로 들어보세요.

3 석주명은 새로운 나비를 발견할 때마다 우리말로 된 예쁜 이름을 붙였어요. 석주명처럼 다음 나비를 보며 알맞은 이름을 짓고, 그렇게 정한 이유도 설명하세요.

머리에 쏘~옥

제주학

"제주도와 나비를 너무나 사랑한 그를 제주 사람들은 '나비 박사'라고 불렀다."

서귀포시 토평동 5·16도로 길가에 자리잡은 '나비 박사' 석주명이 흉상(사진) 뒷면에는 그에 대한 글이 이렇게 적혀 있어요.

석주명은 나비학자로 알려져 있지만, 제주에서는 '제주학' 연구의 선구자로 주민의 존경을 받고 있답니다. 일제 강점기인 1943년 4월부터 45년 5월까지 2년 1개월 동안 서귀포시 토평동에 있는 당시 경성제국대학 부속 생약연구소 제주도 시험장에서 근무하면서 나비 채집과 제주학 연구에 몰두했습니다.

4 연구에 더 집중하기 위해 학교를 그만두기로 한 석주명은 송도중학교 박물관에 있는 나비를 태우기로 합니다. 나비를 태우며 석주명은 그동안 나비와 함께 했던 일들을 떠올렸어요. 어떤 일들을 떠올렸을지 짐작해보세요.

5 석주명이 세계나비학회의 회원이 되자 신문들이 이 일을 크게 다뤘어요. 신문 기사의 제목을 달아보세요.

세계나비학회가 현재 개성 송도중학교 교사인 석주명에게 정회원 자격을 주었다. 세계에서 30여 명밖에 안 되는 세계 나비학회의 회원이 됨으로써 석주명의 업적을 세계가 인정한 것이다. 석주명은 영국왕립아시아학회의 요청으로 우리나라 나비의 모든 것을 알 수 있는 『조선산 나비 총목록』을 써 한국인의 저서로는 처음 영국왕립도서관에 소장된 바 있다. 이번 일은 우리나라에서는 처음 있는 것으로, 우리나라 과학의 우수성을 세계에 널리 알린 쾌거다.

6 석주명은 우리나라가 일본에 나라를 빼앗겼던 시기에 아무도 관심을 두지 않았던 우리나라의 나비를 연구하는 데 평생을 바쳤어요. 석주명의 뜻을 이어받아 아름다운 우리 나비를 지키기 위해 내가 할 수 있는 일을 설명하세요(400자).

한눈에 보는 한국사 연표 (선사 시대~대한민국)

우리나라	연대	사건	중국	서양사
선사 시대 ~ 고조선	8000년경	신석기 형성(간석기)	황하 문명	
기원전 2333 고조선 건국	2333	고조선 건국(단군왕검)		
	1122년경	고조선 8조금법 제정	은	
	1000년경	청동기 시작(반달돌칼, 민무늬토기, 고인돌)	주	
	800년경	고조선, 왕검성에 수도 정함	춘추 전국	
	450년경	부여 성립(소아강 상류)		
	400년경	철기 보급		
	194	위만, 고조선의 왕이 됨(위만조선)	진	
	108	고조선 멸망		고대 사회
	59	해모수, 북부여 건국	한	
	57	박혁거세, 신라 건국		
	37	주몽, 고구려 건국		
	18	온조, 백제 건국		
삼국 시대	42	가야 건국		
	(1세기)			
	194	고구려, 진대법 실시(을파소)		
	260	백제, 율령 반포(고이왕)		
	313	고구려, 낙랑군 멸망	삼국 시대	
	372	백제, 해에 칠지도 하사/고구려, 불교 전래	진	
	381	백제, 불교 전래		
	391	고구려, 광개토왕 즉위		
	414	고구려, 광개토왕비 세움	5호 16국	
	427	고구려, 평양 천도, 안학궁 건립		
	433	나제동맹 성립		
	449	고구려, 중원 고구려비 세움		
	458	신라, 불교 전래		
	475	백제, 웅진 천도		
	503	신라, 국호를 신라, 왕호를 왕이라 정함	남북조 시대	
	512	신라, 이사부 우산국 정벌		중세 사회
	520	신라, 율령 반포(법흥왕)		
	528	신라, 이차돈 순교로 불교 공인		
	538	백제, 사비 천도, 국호를 남부여라고 함		
	551	백제와 신라, 연합해 고구려 공격		
	554	백제 성왕, 신라와의 관산성 싸움에서 전사		
	555	신라, 북한산에 진흥왕 순수비 건립	수	
	610	고구려 담징, 일본 호류사에 금당벽화 그림		
	612	고구려 을지문덕, 살수대첩		
	645	고구려, 안시성 싸움 승리	당	
	660	신라와 백제 황산벌 전투, 백제 멸망		
660 백제 멸망	660			
668 고구려 멸망	668	고구려 멸망		

우리나라	연대	사건	중국	서양사
통일신라, 발해	676	신라, 삼국 통일	당	
	685	전국을 9주 5소경으로 편성		
	692	설총 이두 정리		
	698	대조영 발해 건국		
	702	무구정광대다라니경 인쇄		
	727	혜초, 『왕오천축국전』 저술		
	751	김대성, 불국사와 석굴암 창건		
	756	발해, 상경용천부 천도		
	771	성덕대왕신종 주조		
	828	장보고, 완도에 청해진 설치		
	894	최치원, '시무 10조' 올림		
	900	견훤, 후백제 건국		
	901	궁예, 후고구려 건국		
고려 시대	918	왕건, 고려 건국	5대 10국	중세 사회
	926	발해, 거란에 멸망		
	935	신라 멸망		
	936	고려, 후삼국 통일		
	958	과거 제도 제정		
	993	거란 1차 침입(~1018년까지 3차 침입)	북송	
	996	건원중보 주조		
	1019	강감찬, 귀주대첩		
	1033	천리장성 축조		
	1102	해동통보 주조		
	1107	윤관, 여진 정벌(9성 건설)		
	1126	이자겸의 난	남송	
	1135	묘청의 난(서경 천도 운동)		
	1145	김부식, 『삼국사기』 50권 편찬		
	1170	무신정변		
	1176	망이와 망소이의 난		
	1196	최충헌, 정권 장악		
	1231	1차 몽골 침입(~1257년간지 7차례 침입)		
	1234	상정고금예문(세계 최초 금속 활자) 간행	원	
	1251	팔만대장경 완성		
	1270	강화에서 개경 환도, 삼별초의 항쟁		
	1285	일연, 『삼국유사』 완성		
	1363	문익점, 원에서 목화씨 가지고 옴		
	1377	『직지심경』 간행, 최무선, 화통도감 설치		
	1388	이성계 위화도 회군	명	

79

우리나라	연대		사건	중국	서양사
조선 시대	1392 고려 멸망, 태조 이성계 조선 건국	1392 1394 1400 1402 1413 1418 1432 1441 1443 1446 1456 1474 1506 1543 1568 1583 1592 1593 1597 1598 1609 1610 1623 1627 1636 1678 1708 1712 1725 1750 1780 1788 1792 1796 1811 1818 1860 1861	고려 멸망, 이성계, 조선 건국 한양 천도, 정도전, 『경국대전』 편찬 2차 왕자의 난, 태종 즉위 호패법 실시 조선 8도 완성 세종 즉위, 집현전 설치 『삼강행실도』 편찬 장영실, 세계 최초로 측우기 설치 훈민정음 창제 훈민정음 반포 사육신 사형(단종 복위 사건) 성종, 『경국대전』 반포 중종반정 백운동서원(최초 서원) 건립 이황, 『성학십도』 지음 이이, 10만 양병설 건의 임진왜란 발발, 한산도대첩 행주대첩 정유재란 이순신, 노량해전서 전사 일본과 국교 재개(기유약조) 광해군, 허준, 『동의보감』 25권 편찬 인조반정 정묘호란, 벨연 일행 제주도 표착 병자호란 상평통보 주조 대동법 전국 시행 백두산 정계비 세움 영조, 탕평책 실시 균역법 실시 박지원, 『열하일기』 지음 천주교 금지 정약용, 『목민심서』 완성 화성 완성 홍경래의 난 정약용, 『목민심서』 완성 최제우, 동학 창시 김정호, 대동여지도 간행	명 청	중세 사회 근대 사회

우리나라	연대		사건	중국	서양사
개항기	1863 고종 즉위, 흥선대원군 집권	1863 1865 1866 1871 1876 1883 1884 1894 1895 1897 1899 1905 1907 1909	고종 즉위, 흥선 대원군 집권 경복궁 중건(~1872년) 제너럴셔먼호 사건 발발, 병인양요 신미양요, 서원 철폐 강화도조약 체결 태극기를 국기로 제정, 한성순보 창간 갑신정변, 우정국 설치 갑오개혁 추진, 동학농민운동 을미사변 이완파천, 독립협회 결성, 독립신문 창간 경인선 철도 개통 을사조약, 동학을 천도교로 개명 국제 보상 운동, 헤이그 밀사사건, 고종 퇴위 안중근, 이토 히로부미 사살	청	근대 사회
일제 강점기	1910 조선총독부 설치 1945 8·15 광복	1910 1914 1919 1920 1926 1932 1936 1940 1945	국권 피탈(일제강점기 시작) 대한광복군 정부 수립 3·1독립운동, 대한민국 임시정부 수립 봉오동과 청산리 전투 승리 6·10 만세운동 발발 이봉창·윤봉길 의거 손기정, 베를린올림픽 마라톤 우승 한국광복군 창설, 창씨개명 실시 8·15 광복, 모스크바 3상 회의	중화 민국	현대 사회
대한민국	1948 대한민국 정부 수립	1948 1950 1953 1960 1961 1962 1970 1972 1979 1980 1988 1990 1994 2000 2002	대한민국 정부 발족 한국전쟁 발발 휴전협정 조인 4·19 혁명 5·16 군사정변 1차 경제개발 5개년 계획 수립 경부고속도로 개통 7·4 남북 공동성명 발표, 남북 적십자회담 10·26사태 광주민주항쟁(5·18 민주화운동) 24회 서울올림픽 개최 소련과 국교 수립 북한 김일성 사망 남북 정상회담 6·15공동선언 발표 한·일 월드컵 개최	중화인민 공화국	현대 사회

역사토론 인물사 답안과 풀이

근초고왕과 백제의 전성기

♣11쪽

1. 독해력이 필요한 문제다.

☞예시 답안
①(『서기』) (고흥) ②(아직기) (왕인) ③(근초고왕) ④(왕인) ⑤(부자세습제)

2. 배경지식이 요구된다.

☞예시 답안
 평양성을 공격해 고구려의 고국원왕을 전사시켰다/박사 고흥에게 백제의 역사책인『서기』를 쓰게 했다/요서 지방에 백제군을 설치해 백제가 해상 무역의 중심지로 자리 잡게 했다 등.

3. 정보를 압축하는 문제다.

☞예시 답안
 칠지도는 백제와 일본의 교류 관계를 보여주는 대표적인 금속 공예품으로, 백제 문화의 우수성을 엿볼 수 있는 유물이다. 가운데 칼날 양쪽에 세 개씩 가지 칼날이 달려 있으며, 칼 양면에 백제 왕이 일본 왕에게 주는 것이라는 내용의 글자가 새겨져 있다.

♣12쪽

4. 배경지식을 압축하는 능력과 회화적 표현력이 필요하다.

☞예시 답안
그림 생략
 ☞백제를 강대국으로 만든 근초고왕의 모습 또는 그의 대내외 업적 등을 창의적으로 표현한다.

5. 학습된 정보를 바탕으로 추론하는 능력을 기른다.

☞예시 답안
 한자를 들여와 문자를 쓰게 되었고, 유교 경전 읽기가 유행했을 것이다. 또 백제 공예 기술자들의 도움으로 각종 도자기와 장신구가 만들어지고, 세련된 백제 양식의 건축물이 많이 지어졌을 것이다. 백제의 철제 도구를 즐겨 쓰고, 백제풍의 복식이 상류층 사이에서 큰 인기를 누렸을 것이다. 이처럼 백제의 학문과 문화, 과학기술이 일본의 사회 발전에 큰 영향을 주었을 것이다.

6. 학습된 정보를 정리하는 능력과 논리력이 요구된다.

☞예시 답안
 근초고왕은 백제 역사상 가장 넓은 땅을 차지했으며, 백제가 최고의 전성기를 누리도록 만들었다. 그는 왕위에 오른 뒤 마한의 여러 부족을 통일해 전라도 지역을 차지했고, 낙동강 유역의 가야 여러 나라에 대해서도 세력을 미쳤다. 북으로는 고구려 군을 대동강에서 무찌르고 평양성을 공격해 고국원왕을 전사시켰다.
 중국의 요서 지방에 백제군을 설치해 백제가 해상 무역의 중심지로 자리 잡게 했다. 또 중국의 동진과 국교를 맺어 남조 문화를 받아들였고, 아직기와 왕인을 일본에 보내 학문을 전했다. 이밖에 서울을 한산으로 옮기고, 박사 고흥에게 백제의 역사책인『서기』를 쓰게 했으며, 부자 왕위 세습제를 확립했다. 이처럼 근초고왕은 백제 역사상 가장 활발한 영토 확장과 국가 발전에 힘써 백제를 강대국으로 만들었다.

을지문덕과 살수대첩

♣17쪽

1. 독해력과 정보를 압축해 표현하는 능력이 필요하다.

☞예시 답안
 침착하고 자신감이 넘치며 나라를 위한 마음이 굳세고 용감하다.

2. 독해력이 필요하다.

☞예시 답안
 고구려의 지리적 조건을 잘 활용했다/적의 보급로를 차단하고 청야전술로 적을 지치게 만들었다/군사와 백성이 한마음으로 힘을 다해 싸웠다 등.

3. 전쟁의 현황을 전달하는 구체성이 요구된다.

☞예시 답안
 우리는 풀숲에 숨어 수나라 군사들이 강을 건너기만 기다렸어. 그들이 강 한가운데에 이르자 상류에 미리 막아놓았던 둑을 허물었지. 산더미 같은 물결이 성난 파도처럼 수나라 군사들을 삼켰어. 수나라 군사들은 물살을 이기지 못하고 떠내려갔지. 순식간에 강은 수나라 군사들의 시체로 가득 찼어.

♣18쪽

4. 사고의 유연성과 논리력을 기르는 문제다.

☞예시 답안
 "고구려는 수나라의 대군을 이길 자신이 없기 때문이오. 나라의 힘이 약해 수나라의 공격을 받는데, 가엾고 힘없는 백성을 계속 희생시킬 수는 없다는 것이 우리의 생각이오."

5. 학습한 정보를 바탕으로 추론하는 능력을 기른다.

☞ 예시 답안

전쟁을 싫어하는 사상이 일어났다/마을에 노인과 소년, 여자들만 가득했다/농토가 황무지로 변해 많은 사람들이 고향을 떠났다 등.

6. 종합적인 사고력과 판단력, 자신의 의견을 논리적으로 펼치는 능력이 요구된다.

☞ 예시 답안

수나라와 휴전해야 한다고 생각합니다. 고구려가 수나라와 계속 전쟁을 치르면 위험을 자초하는 일입니다. 수나라와 전쟁을 중단하고 나라 안을 안정시키는 게 우선입니다. 오랜 전쟁 탓에 많은 백성이 목숨을 잃었고, 경제 손실이 커 나라의 창고는 비고, 군사 수도 많이 줄었습니다.

남쪽에서는 신라와 백제가 손을 잡고 침략의 기회만 노리고 있습니다. 신라와 백제가 고구려를 침략할 경우 고구려는 세 나라와 전쟁을 치러야 할지도 모릅니다. 당분간은 외교적인 방법으로 수나라와 평화를 유지하는 것이 옳다고 봅니다. 수나라에 잡혀간 포로도 데려오고, 나라의 힘도 강하게 정비한 뒤 맞서야 합니다. 지금은 수나라 군이 지친 군사들을 이끌고 식량도 없이 싸우느라 사기도 떨어져 있기 때문에 도망가는 군사들이 많아 고구려가 전쟁에 이기고 있을 뿐입니다. 하지만 전쟁을 계속하면 우리가 유리하게 이끌 수 있다고 장담할 수 없습니다.

계백 장군과 황산벌 전투
♣23쪽

1. 독해력을 기르는 문제다.

☞ 예시 답안

신라와 당나라가 연합해 공격했지만 신라에 대한 몇 번의 승리로 자만심에 빠져 있던 백제가 이에 대응하지 못했기 때문이다. 또 의자왕이 충신의 말에 귀 기울이지 않았고, 지배층은 개인적인 욕심 채우기에 바빠 나랏일을 소홀히 했기 때문이다.

2. 배경지식을 바탕으로 유연성과 독창성을 발휘한다.

☞ 예시 답안

달리기, 창 멀리 던지기, 활쏘기, 팔굽혀펴기, 멀리뛰기, 오래 매달리기, 봉술 등.

3. 학습된 정보를 바탕으로 주제에 대한 이해를 넓히고 민감성을 기른다.

☞ 예시 답안

의자왕 20년 백제 끝 날에 이름도 아름다운 계백이라네.
밀려드는 적들에-맞서 싸우다
황산벌 전투에서 목숨을 바친 계백-기억하리.

♣24쪽

4. 배경지식을 바탕으로 추론하는 능력과 융통성이 요구된다.

☞ 예시 답안

황산벌 전투에서 계백 장군이 이끄는 5000명의 결사대가 신라를 막아내고 승리했더라도 백제는 망했을 것이다. 백제의 멸망을 조금 늦출 수는 있었겠지만, 황산벌 전투로 백제군도 상당한 타격을 받고, 당나라 대군과도 싸워야 한다. 게다가 나라가 위기에 처했는데도 자기 이익 챙기기에만 몰두한 신하들에 둘러싸여 판단이 흐려진 의자왕은 충신을 모두 감옥에 보내거나 죽였다. 이러한 상황에서 황산벌 전투에서 승리한다고 백제의 멸망을 막을 수는 없었을 것이다.

5. 배경지식을 바탕으로 사고의 구체성을 기른다.

☞ 예시 답안

공부 열심히 하기/책 많이 읽기/한글 사랑하기/쓰레기 함부로 버리지 않기/우리 역사 많이 알기 등.

6. 학습된 정보를 바탕으로 논리력과 구술 능력을 발휘하는 문제다.

☞ 예시 답안

계백 장군이 자신의 가족을 모두 죽이고 황산벌 전투에 나간 것은 나라와 가족을 위해 어쩔 수 없는 선택이었다. 누구에게나 가족은 소중하다. 계백 장군도 어떻게든 전쟁을 이기고 가족을 구하고 싶었을 것이다. 하지만 계백은 백제의 장군이다. 나라가 위기에 처했는데 한 나라의 장군이 먼저 살길을 찾으려고 한다면 질게 뻔한 싸움에 목숨을 던지는 병사는 아무도 없을 것이다. 결국 계백 장군은 가족을 희생시킬 수밖에 없었다. 오직 죽음을 각오하고 싸워야 나라를 구할 수 있다는 의지를 병사들에게 보인 것이다. 또 가족의 명예를 지키려고 했다. 백제가 망하면 가족은 적의 노예가 되어 비참한 삶을 살거나 죽임을 당할 것이다. 그래서 명예롭게 죽는 것이 가족을 위하는 길이라 생각했다. 가족들도 계백 장군의 뜻을 잘 알았기에 순순히 따랐을 것이다.

문무왕과 신라의 삼국 통일
♣29쪽

1. 독해력을 바탕으로 내용을 파악하는 문제다.

☞ 예시 답안

동해의 용이 되어 끊임없이 신라를 괴롭히는 왜구를 막기 위해서다.

2. 독해력을 기르기 위한 문제다.

☞ 예시 답안

농사 기술이 발달하지 못해 식량을 확보하려면 비옥한 농지가 필요했기 때문이다/영토를 넓혀 강대국을 만들어야 다른 나라의 침략도 막을 수 있었고 나라도 발전할 수 있었다 등.

3. 학습한 배경지식을 바탕으로 추론하는 능력을 기른다.

☞ 예시 답안

더 이상 전쟁에 나가 싸우지 않아도 되므로 백성의 삶이 평화로워졌다. 또 삼국 통일로 영토가 넓어지고 인구가 늘어 세금이 가벼워졌다. 왕권이 강화돼 정치가 안정되었으며, 귀족과 관리의 비리도 없어져 경제가 번창하기 시작했다. 불교가 널리 확산돼 백성의 의식 수준을 높이고 학문 발달에 기여했다.

♣ 30쪽

4. 배경지식을 압축적으로 표현하는 능력과 회화적 표현력이 필요하다.

☞ 예시 답안

그림 생략

☞ 너무 자세하게 그리지 말고 삼국 통일의 의미가 담길 수 있도록 특징을 잡아 그립니다.

5. 배경지식을 바탕으로 문제 해결 능력을 기른다.

☞ 예시 답안

남북이 서로 힘을 합쳐 공동 번영을 위해 노력해야 한다. 남북이 상대를 침략하지 않는다고 약속하고 균형적인 발전을 이룰 수 있도록 경제 협력을 강화해야 한다. 그러기 위해서는 남북이 서로 오가며 돕고 나누는 활발한 교류가 필요하다. 남북이 평화 통일을 이루려면 서로 대결하지 말고 화해와 협력을 통해 발전할 수 있도록 해야 한다.

6. 배경지식을 바탕으로 자신의 의견을 논리적으로 펼치는 능력이 요구된다.

☞ 예시 답안

신라에 의한 삼국 통일은 우리 민족이 하나의 민족 공동체를 형성해 통일 국가를 세운 중요한 역사적 사건이다. 삼국은 오랫동안 정치적으로 서로 대립하며 세력을 확장하기 위해 끊임없이 전쟁을 했기 때문에 같은 민족이라는 생각은 희박했다. 생활 풍습이나 언어도 상당한 차이가 있었다. 하지만 통일 이후 고구려와 백제 유민이 신라인과 동일한 문화를 형성해 한 민족으로 발전할 수 있었다.

신라의 삼국 통일은 또 삼국의 백성을 전쟁의 고통에서 해방시키는 역할을 했다. 삼국 중에서 힘이 약했던 신라는 당나라의 군사적 도움을 받기는 했지만, 당나라의 한반도 지배 야욕에 대항해 끈질긴 항쟁 끝에 승리해 자주적 통일을 이뤘다. 이런 면에서 신라를 중심으로 한 통일이 고구려의 일부 영토를 잃어버린 불완전함이 있을지라도 우리나라 역사에서 차지하는 의의는 매우 크다.

최무선과 화약 개발

♣ 35쪽

1. 최무선이 한 일을 정리하는 동안 정보를 압축하는 능력을 기른다.

☞ 예시 답안

우리나라 최초로 화약을 만드는 방법을 개발했다/화통도감을 설치해 화약을 이용한 각종 무기를 만들었다/화포를 만들어 왜구를 물리쳤다/화약 제조법에 관한 책을 지었다 등.

2. 주어진 정보를 바탕으로 최무선의 성격을 파악하고, 이 정보를 바탕으로 추론하는 능력을 기른다.

☞ 예시 답안

원나라 염초 기술자인 이원을 찾아가 도움을 청해 결국 화약 개발에 성공할 수 있었다 등.

3. 배경지식을 바탕으로 본문에 없는 내용을 추론하는 능력을 기른다.

☞ 예시 답안

최무선 1: 책을 뒤지고 아무리 노력해도 염초를 만드는 비법을 알아내지 못할 때가 가장 힘들었어요. 계속 여러 가지로 실험했지만 실패만 거듭했지요. 사람들은 그런 저를 이상한 사람이라고 손가락질했답니다.

최무선 2: 백성은 계속 왜구에게 시달려야 했을 것입니다. 화약을 개발하지 못했다면 화포도 없었을 것이고, 왜구를 물리치기 위해 힘든 싸움을 할 수 밖에 없었겠지요.

♣ 36쪽

4. 배경지식을 바탕으로 추론하는 능력을 기른다. 융통성을 발휘해 문제 해결 능력을 기른다.

☞ 예시 답안

화약을 만드는 비밀을 알아내기까지 좀 더 많은 시간이 걸렸을 것이다. 하지만 최무선의 성격으로 보면 결국 화약을 만들어 각종 화포를 만들고 국방을 튼튼히 하는 데 기여했을 것이다.

5. 화통도감의 중요성을 강조하고 왜구의 침입 가능성을 들어 논리적으로 설명하는 능력을 기른다.

☞ 예시 답안

화통도감은 화약을 이용해 다양한 종류의 화약 무기를 만드는 곳입니다. 진포대첩에서 대승을 거둘 수 있었던 이유도 화통도감에서 만든 각종 화포와 무기 덕이 컸습니다. 왜구가 지금은 우리의 화포 때문에 침략하지 못하지만, 화통도감을 없애면 우리나라를 다시 넘보게 될 것입니다. 화약 무기를 개량하고 새로운 무기를 개발해야 국방을 튼튼히 할 수 있습니다. 화통도감을 유지하는데 돈이 많이 들어간다고 폐지하면 나중에 왜구가 다시 침입했을 때는 더 많은 돈을 들여야 할 것입니다.

6. 창의성 가운데 독창성과 자신의 생각을 논리적으로 펼치는 능력이 요구된다.

☞ 예시 답안

나는 앞으로 우주 엘리베이터를 개발하고 싶습니다. 우주 엘리베이터는 지상에서 3만 6000km 상공의 우주 정거장까지 케이블로 연결해 사람과 화물을 실어 나르는 데 쓰입니다. 이것을 이용해 우주로 나가면 로켓을 쏘아올리는 것보다 비용이 100분의 1 정도밖에 들지 않습니다. 게다가 로켓은 많은 연료를 한꺼번에 태우기 때문에 대기 오염 문제를 일으키고, 지구 궤도에 온갖 로켓 파편 쓰레기도 만듭니다. 따라서 우주 시대에 대비하려면 로켓 개발보다는 우주 엘리베이터 설치가 꼭 필요하다고 봅니다.

우주 엘리베이터를 개발하려면 우선 항공우주과학에 관심을 갖고 많은 책을 읽어 새로운 정보를 알아야 합니다. 최무선이 화약 개발의 꿈을 이룰 때까지 겪었던 힘든 과정과 노력을 기억하고 끝까지 포기하지 않겠습니다.

율곡 이이와 십만양병설

♣ 41쪽

1. 독해력이 필요한 문제다.

☞ 예시 답안

학문에 힘쓰는 모습을 보여준 신사임당을 어머니로 두었다/높은 지위에 올라서도 겸손한 마음을 잃지 않고 가난한 백성을 도우려고 노력했다/평생 학문을 소홀히 한 적이 없고 높은 관직에 있으면서도 깨끗하게 살았다 등.

2. 독해력을 바탕으로 추론하는 문제다.

☞ 예시 답안

일하는 것을 천하고 부끄럽게 여기는 양반의 생각을 바꾸고 싶어서/양반인 자신이 먼저 모범을 보여 양반도 일하게 하려고 등.

3. 창의력 가운데 융통성과 구체성을 기르기 위한 문제다.

☞ 예시 답안

웃는 얼굴로 가족을 대한다. 가족의 기쁨과 슬픔을 함께 나눈다. 자기가 할 일은 스스로 한다. 가족끼리 항상 고운 말을 사용한다. 가족끼리 서로 아끼고 돕는다. 가족의 행사에 반드시 참석한다. 서로에게 감사하는 마음을 갖는다 등.

♣ 42쪽

4. 창의력 가운데 민감성과 융통성이 필요하다.

☞ 예시 답안

"이제 우리처럼 힘없는 백성도 편히 살 수 있겠네."/"그동안 우리를 괴롭히던 관리들의 횡포를 낱낱이 알릴 수 있겠군." 등.

5. 배경지식을 바탕으로 자신의 생각을 논리적으로 펼치는 능력을 기른다.

☞ 예시 답안

자신의 능력을 어디에 쓸지 정하는 것은 개인의 선택으로 존중받아야 할 일이다. 하지만 자신의 능력을 학문을 통한 자기 완성보다는 다른 사람을 돕고 사랑할 수 있는 데에 활용해 성숙한 사회인으로서 책임을 다하는 일도 중요하다.

6. 학습된 정보를 압축해 표현하는 종합적인 사고력과 논리력이 요구된다.

☞ 예시 답안

이이는 '자경문'에서 공부를 늦추지도 말고, 급히 하지도 말며, 죽은 뒤에나 그만두라고 했다. 그는 또 공부의 시작은 뜻을 세우는 데 있다고 강조했다. 자신의 목표를 정하고 꾸준히 노력하는 것이 무엇보다 중요하다. 목표를 갖고 공부할 때와 그렇지 않을 때 상당한 차이가 생긴다. 그리고 적절한 학습 계획을 세워 공부 능률을 올릴 수 있도록 한다. 또 공부할 때 집중력을 방해하는 나쁜 습관은 버려야 한다. 다리 흔들기나 음악 듣기 등 바람직하지 않은 습관을 줄이면 학습 능력을 배가시킬 수 있다. 자신이 가장 집중할 수 있는 시간을 찾아 공부한다. 등하교 시간이나 기다리는 시간 등 버려지는 자투리 시간을 효율적으로 활용하는 지혜도 필요하다.

권율 장군과 행주대첩

♣ 47쪽

1. 독해력이 필요한 문제다.

☞ 예시 답안

일본, 한양, 의병, 이치, 행주대첩

2. 학습한 정보와 독해력을 바탕으로 추론하는 문제다.

☞ 예시 답안

일본군의 공격에 철저하게 대비하고, 관군과 백성이 힘을 합쳐 일본군에 맞서 용감하게 싸웠기 때문에.

3. 독해력과 정보를 압축해 표현하는 능력이 필요하다.

☞ 예시 답안

곽재우는 조선 중기 임진왜란 때 의병장입니다. 그는 1592년 임진왜란이 일어나 선조 임금이 한양을 버리고 의주로 피란하는 등 사태가 위급해지자 가장 먼저 의령에서 백성을 모아 의병을 일으켰습니다. 그 뒤 의병 수가 점점 불어 2000명에 달했습니다. 곽재우는 의령과 합천을 지켜냈고, 창녕과 영산에 침입한 왜군을 물리치기도 했습니다. 그는 일본군과 싸울 때마다 늘 붉은 갑옷을 입었는데, 그래서 그를 홍의장군이라 불렀습니다. 곽재우는 의병을 일으켜 왜군을 무찌른 공로로 절충장군이란 벼슬을 얻었습니다.

♣ 48쪽

4. 학습한 정보를 바탕으로 추론하는 문제다.

☞ 예시 답안

우리가 이제 목숨을 내놓고 나라를 지켜야 할 때입니다. 군대를 조직해 일본군을 물리치는 데 앞장섭시다. 우리가 이곳을 막지 못하면 나라가 위태롭습니다. 관군만으로는 싸울 수 없습니다. 일본군에게 짓밟힌 나라를 구하기 위해 우리 모두 군인이 돼 나라를 지킵시다.

5. 학습한 정보를 바탕으로 문제 해결 능력과 구체성을 기르기 위한 문제다.
☞ 예시 답안
　태극기를 소중히 다룬다/애국가를 정확하게 부른다/한글을 바르게 사용한다/우리나라의 자랑거리를 안다/나라꽃인 무궁화를 잘 가꾼다 등.

6. 학습한 정보를 압축해 표현하는 종합적인 사고력과 자신의 의견을 논리적으로 펴는 능력이 요구된다.
☞ 예시 답안
　이치대첩은 임진왜란 때 육상에서 최초로 승리한 전투입니다. 이치는 전라도로 진출할 수 있는 교통의 요지입니다. 일본군은 군량미를 확보하기 위해 2만여 명의 대군을 이끌고 이치고개를 넘어 전라도로 진출을 시도했습니다. 그러자 권율 장군은 1500여 명의 군사로 일본군을 물리쳤습니다. 일본군은 결국 전라도를 포기하고 퇴각했으며, 평양에서 군량미를 기다리던 일본군의 전력이 약화돼 임진왜란 초기 육상 전투에서 전세를 바꾸는 계기가 되었습니다. 권율 스스로도 "이치대첩이 최고이고, 다음이 행주대첩."이라고 회고했습니다. 일본에서도 이치대첩을 최고의 대첩으로 평가하고 있습니다. 하지만 행주대첩지와 진주대첩지가 1963년 문화재로 지정되었음에도 이치대첩지는 지정되지 못해 형평성에 맞지 않습니다. 이제라도 문화재로 지정해 국난 극복 현장을 보존해야 합니다.

유성룡과 하회마을
♣53쪽

1. 독해력 문제다.
☞ 정답
　임진왜란/조총/한양/선조/평양

2. 학습한 배경지식을 바탕으로 정보를 압축하는 능력이 필요하다.
☞ 예시 답안
　하회마을은 우리나라를 대표하는 역사 마을로, 마을의 가옥과 건물이 지형과 조화되고 자연과 어우러진 아름다운 경관을 자랑합니다. 흐르는 강물이 마을을 섬처럼 둘러싸 마치 연꽃이 물에 떠 있는 모습이지요. 하회마을에는 유성룡의 생가인 충효당과 류 씨 종가 등 조선 시대부터 이어진 많은 옛날 건축물들이 잘 보존되어 있습니다. 국보급 문헌 자료도 풍부해 유성룡이 임진왜란이 끝난 후 쓴 『징비록』도 볼 수 있습니다. 또 중요무형문화재인 하회별신굿탈놀이는 하회마을의 민속 가면극으로 특별한 볼거리를 제공합니다.

3. 독해를 바탕으로 분석력과 구체성이 요구된다.
☞ 예시 답안
　각 방면에 뛰어난 인재를 등용할 수 있었다/전쟁에 필요한 인적 자원 동원에 유리하게 작용했다/당시 지배층인 양반의 불만을 사 조직적인 반발이 있었을 것이다/천민이 전쟁에 적극 참여하는 계기가 되었을 것이다/의병 활동이 활발해졌을 것이다 등.

♣54쪽

4. 배경지식을 바탕으로 문제 해결력을 기른다.
☞ 예시 답안
　내가 유성룡이라면 일본에 통신사를 파견할 것이다. 임진왜란 때 잡혀간 조선인들을 데려와야 하고, 적국의 동태도 살펴야 하기 때문이다. 임진왜란의 악몽이 가시지 않은 상황에서 일본과 국교를 재개하기가 쉬운 일은 아니다. 하지만 언제까지 과거에만 집착해 현실을 외면할 수만은 없다. 현실적 필요성을 살펴 미래를 생각하는 편이 조선의 발전을 위해 현명한 선택이다.

5. 학습한 정보를 바탕으로 추론하는 능력과 표현력을 기르는 훈련이다.
☞ 예시 답안
　일본과 화친해서는 안 됩니다. 전세가 불리해지니 시간을 끌기 위한 속임수에 불과합니다. 설사 일본과 화친하더라도 다음의 세 가지 약속은 반드시 받아내야 합니다. 일본군을 한 명도 조선에 남기지 말 것, 앞으로 영원히 조선을 침략하지 말 것, 조선에 준 피해를 배상할 것 등입니다.

6. 자신의 생각을 논리적으로 펼치는 논리력과 종합적인 사고력이 요구된다.
☞ 예시 답안
　유성룡은 나라가 위기에 처했을 때 중대한 책임을 맡아 전란을 성공적으로 수습하고 국토를 보전하는 공로를 세웠다. 통신사를 보내 일본의 움직임을 살폈고, 명나라에 미리 전쟁이 일어날 것임을 알렸다. 율곡의 십만양병을 반대해 전란을 미리 막지 못했다는 주장도 있다. 하지만 당시 조선의 상황으로는 십만 병사를 양성하는 일이 쉽지 않았다. 그래서 유성룡은 현실에 맞는 방법을 택했다. 십만 양병은 아니지만 전쟁에 대비해 군사를 기르고 무기를 만들었으며, 성을 쌓는 등 국방을 철저히 했다. 무엇보다 신분이나 계급에 관계없이 능력 위주로 인재를 등용했다. 권율과 이순신 같은 장수를 추천해 전쟁에 대비했으며, 천민도 공을 세우면 벼슬을 주었다. 전쟁 중에 굶주리는 백성을 살피는 일도 잊지 않았다. 또 백성의 힘을 북돋워 의병이 일어나게 했다. 명나라 군대가 오자 조선에 유리한 싸움을 하도록 뛰어난 외교력을 발휘했다. 결국 유성룡은 임진왜란을 성공적으로 이끌었다.

정조 대왕과 개혁 정치
♣59쪽

1. 글의 내용을 이해했는지 확인하는 문제다. 독해력이 필요하다.
☞ 예시 답안
　우수한 농사법을 개발해 널리 알려 생산량을 늘리고 굶주리는 백성이 없도록 했다. 가난한 백성의 세금을 크게 줄였으며 가혹한 형벌도 금지했다. 지방에 암행어사를 자주 보내 백성을 괴롭히는 못된 관리를 벌주었다. 규장각을 세워 학문 발전에 힘썼으며 재주만 있으면 신분을 가리지 않고 인재를 뽑아 썼다. 육의전을 제외한 모든 시전의 금난전권을 없애는 등 자유로운 상업 활동을 가능하게 했다. 수많은 책을 편찬했으며, 새로운 활자를 개발했다 등.

2. 학습한 정보를 바탕으로 추론하는 문제다.
☞ 예시 답안
아버지 묘소를 자주 찾아 기리기 위해 만들었다. 또 왕권의 강력함을 널리 알리고 개혁 정치를 활발히 펼치기 위해 건설했다.

3. 배경지식을 바탕으로 창의력 가운데 융통성과 구체성을 기르기 위한 문제다.
☞ 예시 답안
생각하는 힘을 기르려면 책과 친해져야 해요. 책을 읽고 주인공과 이야기를 나눠보세요. 어떤 책을 읽어야 할지 모른다면 교과서와 연계된 책을 읽으세요. 무엇보다 꾸준히 읽는 게 중요합니다. 하루 30분 이상 읽되 어려우면 10분이라도 읽도록 합니다. 책은 소리 내어 읽으면 더욱 재미있답니다. 책을 읽은 뒤에 느낀 점을 간단히 기록하면 훌륭한 독서 기록장이 됩니다. 독서달력을 만드는 것도 좋은 방법입니다.

♣60쪽

4. 학습된 정보를 바탕으로 독창적인 사고력을 발휘한다.
☞ 예시 답안
정조가 아버지의 묘소를 참배하기 위해 걸었던 효행의 길을 화성에서 융릉까지 따라 걸으며 정조의 효심 느끼기/정조의 효심을 기리고 생활에서 효를 실천하는 효 백일장/효 서예 대회/능 행차 어가 행렬 참여하기 등.

5. 배경지식을 바탕으로 자신의 생각을 논리적으로 펼쳐 상대를 설득하는 능력을 기른다.
☞ 예시 답안
짐은 조선을 으뜸가는 나라로 만들고 싶소. 그래서 학문과 문화를 발전시키기 위해 다양한 정책을 펼칠 생각이오. 이러한 정책을 펼치려면 학문과 재주가 뛰어난 인재들이 반드시 많이 필요하오. 그런데 신분 때문에 뛰어난 학문을 가진 사람들을 쓰지 못하면 국가적인 낭비요. 능력 있는 사람들이 나라와 백성을 위해 자신의 능력을 마음껏 발휘할 수 있도록 돕는 것이 조선의 왕인 내가 할 일이라 생각하오. 그러니 더 이상 반대만 하지 말고 짐의 뜻을 헤아려주기 바라오.

6. 학습된 정보를 바탕으로 종합적인 사고력을 발휘한다.
☞ 예시 답안
정조는 조선의 학문과 문화의 발전을 위해 많은 업적을 남겨 세종에 버금가는 성군으로 인정을 받는 임금이다. 특히 나라와 백성을 위해 수많은 업적을 남겼는데, 왕권을 강화하고 나라의 체제를 정비하기 위해 탕평책을 계승했다. 또 규장각을 세워 문화 정치를 주구하고 인재를 양성했다. 활자를 개량해 인쇄술을 발전시켰고, 수많은 책을 분류하고 편찬했다. 신분에 관계 없이 인재를 등용해 실학을 크게 발달시켰다. 무엇보다 백성의 어려운 사정을 헤아리고 살폈다. 정조는 이처럼 조선의 정치·경제적 안정과 찬란한 문화적 성장을 이루는데 기여했다. 하지만 세종의 탄신일은 기념일로 정해 각종 기념 행사가 펼쳐지는데, 조선 후기의 문화 부흥을 이끈 정조의 탄신일은 기념일이 아니어서 불공평하다. 따라서 우리나라의 자랑인 세계문화유산 수원 화성을 쌓는 등 큰 업적을 남긴 정조의 탄신일도 기념일로 지정해야 옳다.

도산 안창호와 독립 운동
♣65쪽

1. '머리에 쏘옥'의 만민공동회 관련 내용을 참고한다. 독해력과 정보를 압축해 정리하는 능력이 필요하다.
☞ 예시 답안
무능한 왕실과 백성의 재산을 빼앗고 관직을 사고파는 비리를 일삼는 관리의 모습 등.

2. 학습한 정보를 바탕으로 추론하는 문제다.
☞ 예시 답안
교육을 통해 배우고 쌓은 실력을 말한다. 안창호는 교육을 통해 나라의 힘을 길러야 한다고 생각했다.

3. 본문 독해력과 배경지식을 바탕으로 추론하는 능력을 키운다.
☞ 예시 답안
안창호의 조국에 대한 사랑과 독립에 대한 열정이 남달랐음을 배울 수 있다.

♣66쪽

4. 학생들의 애국심을 고취하기 위한 문제다. 창의력 가운데 융통성과 구체성을 기르기 위한 문제다.
☞ 예시 답안
우리말과 글을 아끼고 보호할 것이다. 일본은 당시 우리나라 사람들에게 한글 사용을 하지 못하게 하고, 이름도 일본식으로 바꾸게 했다. 게다가 우리 역사를 왜곡해 가르쳐 우리 민족을 열등하다고 생각하게 했다. 우리글은 민족의 상징이다. 우리글이 사라지면 문화와 역사도 잃게 된다.

5. 배경지식을 바탕으로 자신의 의견을 논리적으로 펼치는 능력이 요구된다.
☞ 예시 답안
-실력을 기르며 기다려야 한다=강한 나라가 되려면 실력을 갖추는 일이 무엇보다 중요하다. 나라를 빼앗긴 것도 결국은 우리가 스스로를 지킬 힘이 없었기 때문이다. 실력을 갖춘 인재를 육성하는 일도 우선적으로 추진해야 한다.
-민족을 깨우쳐 항일 투쟁을 벌여야 한다=나라를 되찾는 일이 무엇보다 중요하다. 나라를 잃은 처지에 실력을 기르며 기다리기에는 상황이 절박하다. 언제까지 기다리기만 할 수는 없는 노릇이니 일본에 맞서 적극 투쟁해야 한다.

6. 학습된 정보를 압축해 표현하는 종합적인 사고력과 논리력이 요구된다.
☞ 예시 답안
사람은 누구나 살아가며 잘못을 범하게 마련이다. 하지만 사람마다 잘못을 대하는 자세는 크게 다르다. 모든 잘못을 '내 탓'으로 바라보는 사람이 있고, '남 탓'으로 돌리는 사람도 있다. 내 탓으로 여기는 사람은 자신의 책임을 정확히 헤아려 잘못을 인정하고 개선할 방안을 찾을 확률이 높다. 또 문제를 해결할수록 그만큼 발전할 수 있다. '남 탓'을 하는 사람은 어떻게든 변명할 거리를 찾는다. 따라서 문제를 해결하지 못할 뿐만 아니라 남을 원망하는 마음만 쌓이게 된다. 이렇게 되면 다른 사람들에게 신뢰도 줄 수 없고 호감을 사기도 어렵다. 안창호는 나라를 잃은 것이 일본 탓이 아니라 우리가 힘이 없어서였다고 생각했다. 남 탓을 하기 전에 자신에게서 원인을 찾아야 함을 뜻한다. 자신의 잘못을 남에게 미루지 않고 문제를 찾으면 잘못을 바로잡고 발전할 가능성이 크다. 무슨 잘못이든 내 탓으로 돌려 반성하는 자세가 필요하다.

우장춘과 한국 농업
♣71쪽

1.글의 내용을 이해했는지 확인하는 문제다. 독해력이 필요하다.
☞예시 답안
　세계 최초로 겹꽃 페튜니아를 개발했다/무, 배추, 토마토와 같은 채소 종자의 품종을 개량했다/종의 합성 이론을 내놔 육종학 발전에 크게 기여했다 등.

2.학습한 정보를 바탕으로 추론하는 문제다.
☞예시 답안
　일본과 교류가 끊기며 농가에서 재래 종자를 그대로 쓰는 바람에 품질이 떨어져 수확량이 매우 적었다. 그래서 우장춘은 배추와 무 등 채소 종자의 품종 개량에 힘썼다.

3.독해력이 요구된다.
☞예시 답안
　현장에서 작물 연구에 몰두해 열심히 보살피고 관찰하며 문제 해결 방법을 연구하는 자세/끝없는 탐구 정신으로 도전하는 자세/순간적으로 스치는 생각까지 기록하는 습관 등.

♣72쪽

4.독해력과 정보를 압축해 표현하는 능력이 필요하다.
☞예시 답안
　육종은 생물을 개량하거나 신품종을 만드는 일이다. 딸기 육종 실험을 통해 개발된 '단미'는 한 알의 크기가 달걀 한 알과 비슷할 정도로 크고 수확량이 많은데다 병충해에도 강해 재배가 쉽다. 또 '단미'는 외국산 품종 재배로 지불해야 하는 로열티를 지급할 필요가 없어 농가의 소득 증대에 도움이 된다.

5.학습한 배경지식을 바탕으로 자신의 의견을 논리적으로 전개하는 능력이 요구된다.
☞예시 답안
　식량 문제가 급한 우리나라를 위해 귀국했을 것이다. 광복 후 우리나라의 식량 사정은 매우 좋지 않아 육종학자의 도움이 절실한 상황이었다. 50년 동안 일본에서 일본인으로 살아온 내가 아내와 아이들을 남겨두고 조국행을 결정하기란 쉽지 않았다. 하지만 일본에서 태어나 어린 시절부터 '조선인'이라는 사실 때문에 차별과 냉대를 받았다. 농학박사 학위를 받고, 육종학자로서 세계적인 명성을 얻은 뒤에도 별로 나아진 게 없었다. 그리고 나를 필요로 하는 조국을 외면할 수 없었고, 조국에서 내 능력을 마음껏 발휘할 수 있는 기회를 살리는 것이 더 보람이 있는 일이라 생각했다

6.학습한 정보를 바탕으로 종합적인 사고력과 독창성, 회화적 표현력을 기른다.
☞예시 답안
　우리나라 최초로 파란 장미를 개발하고 싶다. 장미에는 원래 파란 색소를 만드는 효소가 없다. 파란 장미는 꽃과 식물을 연구하는 과학자들에게 이룰 수 없는 불가능의 상징이었다. 그래서인지 꽃말도 '불가능'이다.
　세계 각국의 많은 과학자들이 파란 장미를 개발하기 위해 끊임없이 노력했다. 페튜니아의 파란색 유전자를 집어넣어 보기도 하고, 도라지에서 추출한 파란색 유전자로 파란 장미를 개발하려고 시도했지만, 성공한 나라는 일본이 유일하다. 일본은 팬지꽃의 파란 색소 유전자를 장미에 이식해 연한 보라색을 띄는 파란 장미 개발에 성공했다. 완전한 파란 장미는 아니지만, 이 장미 한 송이의 값은 일반 장미의 10배인 3만 원에 이를 정도로 비싸다. 온전한 파란 장미를 개발한다면 장미 종자 수입에 따른 로열티 부담도 줄고, 장미 재배 농가에 높은 소득을 보장하는 작물로 자리 잡을 것이다. 또 외국에 파란 장미를 수출해 외화도 벌어들일 수 있을 것이다.

석주명과 나비 연구
♣77쪽

1.독해력과 독창성이 필요하다.
☞예시 답안
　–우리나라 나비의 모든 것을 알 수 있는 책을 썼다. 전국 곳곳을 다니며 75만 마리나 되는 나비를 채집해 연구하고, 우리나라에서 처음 발견된 나비에게 우리말 이름을 붙여 주었다. 3·1운동에도 참가했다.
　–나비 박사/한국의 파브르 등.

2.배경지식과 관련해 구체성이 요구된다.
☞예시 답안
　나비채, 채집통, 표본주머니, 수첩, 필기도구, 사진기, 모자, 장갑, 손전등, 수건, 물, 먹을거리, 간단한 비상 약품 등.

3.사고의 유연성과 민감성을 기르는 문제다.
☞예시 답안
　–굴뚝나비 : 굴뚝처럼 까맣다.
　–봄처녀나비 : 노랑 저고리를 입고 살포시 앉아 있는 수줍은 처녀 같다.

♣78쪽

4.학습된 정보를 바탕으로 추론하는 문제다.
☞예시 답안

수업 시간만 끝나면 연구실에 틀어박혀 나비를 연구하거나 나비 잡기에 열중했던 일과 연구실에 진열장이 부족해 나비 보존용 상자를 만들고 기뻐했던 일들이 떠올랐다. 그리고 먹지도 못하는 나비를 잡는다고 사람들에게 비웃음을 당하기도 했지만 조선산 나비 총목록을 발표해 다른 종류로 잘못 알려진 많은 나비를 바로잡아 세계적으로 인정 받은 일도 생각났다. 산으로 나비 채집을 나갔다고 크게 다쳤던 일과 희귀종을 찾아 먼 섬까지 배를 타고 간 일 등 나비와 함께 했던 기억도 떠올랐다.

5. 독해력과 정보를 압축해 표현하는 능력이 필요하다.

☞ 예시 답안

석주명, 세계가 인정하는 나비 학자가 되다 등.

6. 배경지식과 학습된 정보를 바탕으로 문제해결력과 논리력이 필요하다.

☞ 예시 답안

우리나라에 서식하는 나비는 250여 종에 이릅니다. 하지만 환경 오염으로 생태계가 파괴되며 다른 곤충처럼 나비의 수도 줄고 있습니다. 우리 나비를 지키려면 먼저 나비에 대해 잘 알아야 합니다. 나비마다 애벌레가 먹는 먹이도 다르고 습성도 다릅니다. 나비의 색다른 특징을 찾아내 나비에 대한 호기심을 자극할 수 있도록 책이나 도감을 찾아보는 습관을 들여야 합니다. 자연을 보호하기 위해 생활에서도 환경 보호 노력이 뒤따라야 합니다. 나비는 생태계 먹이사슬의 맨 밑에 있습니다. 즉 나비는 다른 곤충의 먹이가 돼 생태계를 유지시키는 역할을 합니다. 그리고 나비의 알과 애벌레는 다른 곤충의 알을 낳는 장소로 이용되기도 합니다. 작은 화단을 가꿔 나비가 살 수 있는 공간을 만들어줘야 하며, 서식지를 파괴하는 행동을 하지 말아야 합니다.